W0061213
Metten
Regensburg
Windberg
Schweiklberg
Regensburg
Weltenburg
Windberg
Metten
Niederaltaich
Ingolstadt
Schweiklberg
Thyrnau
Passau
Weltenburg
Niederaltaich
München
Passau
Thyrnau

Martin Posselt

Die Donauklöster

MARTIN POSSELT

Die Donauklöster

mit Fotografien von
Richard Ladkani

PATTLOCH

Inhalt

Vorwort 6

Die Donau entlang 7

Erzabtei St. Martin zu Beuron
Nah an der Quelle
12

Die Barmherzigen Schwestern von Untermarchtal
Liebe macht erfinderisch 20

Die Dillinger Franziskanerinnen
Das Kloster zieht in die Stadt
24

Franziskanerkloster Ingolstadt
Geschwisterliche Wohngemeinschaft
28

Benediktinerabtei Weltenburg
Zeiten der Prüfung
32

Karmelitenkloster St. Joseph Regensburg
Vom Geist des Karmel
38

Prämonstratenserabtei Windberg
Mut zum Neuanfang
42

Benediktinerabtei St. Michael Metten
Alt und Jung
48

Benediktinerabtei St. Mauritius Niederalteich
Atem der Einheit
54

Benediktinerabtei Schweiklberg
In der ganzen Welt zuhause
62

Kloster St. Nikola Passau
Durch die Stürme der Zeit
66

Zisterzienserinnenabtei St. Josef Thyrnau
Ein beschaulicher Ort
70

Stift Engelszell
Die leisen Mönche
74

Zisterzienserstift Wilhering
Der offene Himmel
78

Die Marienschwestern vom Karmel in Linz
Heilende Quellen
84

Benediktinerstift Kremsmünster
Das Erbe des Tassilo
88

Augustiner-Chorherrenstift St. Florian
Die Kraft der Verehrung
94

Kloster Baumgartenberg
Biotop der guten Taten
100

Benediktinerstift Melk
Unser tägliches Barock
104

Benediktinerstift Göttweig
Die Stadt auf dem Berg
112

Augustiner-Chorherrenstift Herzogenburg
Gemeinschaft und Begegnung
118

Augustiner-Chorherrenstift Klosterneuburg
Die Krone des Landes
122

Die Wiener Jesuiten
Die Stadt als Kloster
130

Kapuzinerkloster Wien
Memento mori
134

Heinz Nussbaumer
Der Kosmos der Mönche
Ein nie gemaltes Bild der Ekstase und Verzweiflung
138

Bildnachweis · Impressum 144

Vorwort

Es ist nicht nur die Donau, die den Bayerischen Rundfunk und den Österreichischen Rundfunk verbindet. Die Gemeinsamkeit christlicher Wurzeln und Traditionen führt schon seit vielen Jahrzehnten zu einer intensiven Zusammenarbeit der beiden Fernsehredaktionen, die sich in München und in Wien um Fragen der Religion, der Kirche und der Theologie kümmern. So gab es vor einiger Zeit die gemeinsame 30-teilige Reihe „Credo“ über „Glaube und Bekenntnis der Christen“ und seitdem regelmäßige Koproduktionen in bunter inhaltlicher Vielfalt. Jetzt hat die Idee einer zehnteiligen Fernsehreihe über die Donauklöster den Bayerischen und den Österreichischen Rundfunk wieder zu einer großen, weit ausgreifenden Kooperation zusammengeführt.

Die Donau war jahrhundertelang Reiseweg für die christlichen Missionare und Hauptverkehrsader zwischen der Mitte Europas und den Ländern in seinem Südosten. An den Ufern der Donau entstanden Klöster als Zentren des Christentums, der abendländischen Zivilisation und auch der Wirtschaft. Die Fernsehreihe über die „Donauklöster“ hat zehn Beispiele, fünf auf deutscher und fünf auf österreichischer Seite, ausgesucht, um herauszufinden, was in der Vergangenheit versunken ist und was in neuer Blüte steht, was sich behauptet und was sich gewandelt hat, was ein Leben im Kloster überhaupt heute noch bedeuten kann.

Schon bei der vorbereitenden Recherche, und mehr noch bei den Dreharbeiten, hat sich die enorme Vielfalt und Buntheit des Lebens im Kloster gezeigt. Jedes Kloster hat seine Geschichte – nicht nur die große, kulturelle des Ortes, auch die kleine, menschliche der dort lebenden Gemeinschaft. Beides verbindet sich zu einer untrennbaren Einheit. Die Beziehungen der Menschen werden mitgeformt vom historischen Atem des Ortes, und der Ort bekommt seine Farbe von den Charakteren, die ihn beleben. Jedes Kloster ist eine „kleine Welt, in der die große ihre Probe hält“.

Im Verlauf der Filmarbeit haben wir viel übereinander gelernt: Was uns unterscheidet und was uns verbindet. Vor allem, dass das Wesentliche uns verbindet und die Unterschiede uns bereichern.

Hubert Schöne
Bayerischer Rundfunk

Gerhard Klein
Österreichischer Rundfunk

Die Donau entlang

Wo entspringt die Donau? Eine Streitfrage. Drei Antworten stehen zur Auswahl. Die „Donauquelle" im Schlosspark des Fürsten zu Fürstenberg in Donaueschingen wäre die eleganteste Geburtsstätte, allerdings ist der dort entspringende Wasserlauf nur einer von mehreren Zuflüssen zur Brigach. Die andere „Donauquelle" ist die der Breg, also des längeren der beiden Hauptquellflüsse der Donau. Die dritte Antwort habe ich in der Schule gelernt: „Brigach und Breg bringen die Donau zuweg" – also gar keine Quelle, sondern ein Zusammenfluss als Beginn. Wie dem auch sei, kurz nach ihrer unumstrittenen Flusswerdung droht die Donau gleich wieder im Karst zu versickern. Ein erheblicher Teil des Wassers fließt unterirdisch zum Achtopf, speist von dort aus den Bodensee und mündet im Rhein. Nach der Sickerstrecke findet die Donau im Durchbruch durch die Schwäbische Alb bei Beuron zur Eigenständigkeit. Sie tritt ins weite Alpenvorland ein und nimmt endgültig ihren Weg von West nach Ost, der sie unter den großen Strömen Europas heraushebt. In Ulm endet die „junge" Donau, hier wird der Fluss schiffbar. Dennoch brachte der flache Verlauf in Donaumoos und Donauried die Schifffahrt früher oft zum Erliegen. Nach und nach sammelt der Fluss die wasserreichen Abflüsse aus den Alpen auf,

Wo alles beginnt: die junge Donau bei Beuron

denen er wesentlich sein Anwachsen verdankt – Iller, Lech, Isar und Inn. Iller und Inn führen beim Zusammenfluss jeweils mehr Wasser mit sich als die Donau selbst. Der Lech bildet die alemannisch-bairische Sprach- und Stammesgrenze. Kurz vor Regensburg gräbt sich die Donau bei Weltenburg durch den Rand der Fränkischen Alb und erreicht kurz dahinter mit Regensburg ihren nördlichsten Punkt. Danach prallt das Gewässer an die Abhänge des Böhmerwaldes und wird nach Südosten abgelenkt. Hier sind von Straubing bis Enns die Donauklöster an beiden

Fernweh im Herzen: Missionsbenediktiner in Schweiklberg

Seiten des Ufers wie eine Perlenkette aufgereiht. Hinter Passau zwängt sich der mächtig anschwellende Strom durch ein enges Tal und geht ins Linzer Becken über. Früher weitete sich die Flusslandschaft dort zu einem unüberschaubaren Geflecht von Seitenarmen aus, heute ist der Lauf gebändigt und das Machland in Ackerland verwandelt. Noch zweimal stellen sich südliche Ausläufer der böhmischen Granitmasse der Donau in den Weg. Der Strom durchschneidet sie zuerst im düsteren und schwer schiffbaren Strudengau, danach in der lieblichen, von der Natur gesegneten Wachau. Deren Eingang und Ausgang markieren die weit ins Land blickenden Klöster Melk und Göttweig. Im charakteristischen Wechsel von engen Durchbruchstälern und breiten Niederungen ist mit dem Tullner Feld wieder ein Tiefland an der Reihe. Nördlich umrundet die Donau den Wienerwald und tritt bei Klosterneuburg durch die Wiener Pforte. Ab dem Wiener Becken stellt sich ihr in der ausgedehnten Weite Pannoniens bis zum Eisernen Tor kein größeres Hindernis mehr in den Weg. Östlich des Marchfeldes endet der deutsche Sprachraum und zugleich der Oberlauf des Stromes. Knapp 1000 Kilometer hat die Donau an dieser Stelle zurückgelegt, weitere 1900 stehen ihr bis zur Mündung ins Schwarze Meer noch bevor.

Schon in vorgeschichtlicher Zeit ist die Donau für die Menschen mehr Weg als Grenze. Entlang der Lebensader des Flusses verlaufen Handelswege und Heerstraßen, entstehen Befestigungen und Umschlagplätze. Um 600 vor Christus hat die Hallstatt-Kultur den gesamte Oberlauf der Donau erfasst. Die Heuneburg an der jungen Donau bezeugt, dass die Handelsbeziehungen von dort bis nach Griechenland reichten. Nach der Hallstatt-Zeit breiten sich die Kelten an der Donau aus. Regensburg, Passau und Wien sind damals schon befestigte Siedlungen. Der Stamm des lateinischen Flussnamens *Danubius* ist dem Keltischen entlehnt und bedeutet „Fluss".

Leben mit dem Fluss: Kloster Weltenburg

Unter Kaiser Augustus wird die Donau zur Nordgrenze des Römischen Reiches. Die keltischen Noriker zwischen Wienerwald und Inn unterstellen sich freiwillig der römischen Herrschaft; Rätien zwischen Inn und Bodensee wird im Jahre 15 vor Christus erobert. Die Bevölkerung übernimmt die lateinische Sprache und Kultur. Mit den Römern kommt auch das Christentum ins Land. Mit Afra in Augsburg und Florian in Lorch kennen wir die Namen zweier früher Märtyrer. Nach dem Ende der Christenverfolgung entfaltet sich im Donauraum ein reiches Glaubensleben. Ein Bild davon gibt die Vita des heiligen Severin aus dem Jahre 511. Sie berichtet zugleich vom Untergang der römischen Herrschaft, die Zug um Zug dem Eindringen germanischer Stämme erliegt.

Die Völkerwanderung bedeutet aber keinen völligen kulturellen Bruch. Romanisierte und christianisierte Bevölkerungsreste verbinden sich mit germanischen Zuwanderern zu einem neuen Stamm, den Baiern. Ihr Kerngebiet liegt am Südufer der Donau zwischen Ingolstadt und Linz, von dort dehnen sie ihre Siedlung Richtung Alpen aus. In den Mauern der Römerstadt Regensburg nehmen die Stammesherzöge aus der Familie der Agilolfinger ihren Sitz. Im 6. und 7. Jahrhundert entfalten irische Wandermönche eine rege Missionstätigkeit, mit ihnen kommt das Klosterwesen irischer Art nach Baiern. Im 8. Jahrhundert folgen ihnen fränkische Glaubensboten, denen an einer festen landeskirchlichen Ordnung gelegen ist. Bonifatius teilt 739 das Stammesherzogtum in die vier Bistümer Regensburg, Passau, Freising und Salzburg ein. Unter Karl dem Großen wird Salzburg Sitz einer eigenen bairischen Kirchenprovinz, während die weiter donauaufwärts liegenden Bistümer Eichstätt, Augsburg und Konstanz zum Erzbistum Mainz geschlagen werden. Steinerne Kirchen sind im Land noch selten. Im Volk leben vorchristliche Vorstellungen weiter. Umso mehr Bedeutung haben die systematischen Klostergründungen, die nun nach der Benediktsregel erfolgen. Ihre Erschließungs- und Missionsarbeit nach Osten wird durch den Ungarnsturm im 10. Jahrhundert zunichte gemacht. Was die Ungarn an Kirchengütern übrig lassen, wird vom Herzog eingezogen, um den Abwehrkampf zu finanzieren – eine erste, einschneidende Säkularisation.

Nach dem Sieg über die Ungarn wird östlich der Enns die Grenzmark an der Donau (*marchia orientalis*, „Ostarrichi") wieder errichtet. 976 erlangen die Babenberger die Markgrafenwürde. Unter ihrer Herrschaft bildet sich ein österreichisches Landesfürstentum aus, das 1156 mit der Erhebung zum Herzogtum endgültig von Bayern gelöst wird. (In diesen Buch wird das alte, gemeinsame Stammesherzogtum Baiern in der Schreibweise vom späteren wittelsbachischen Territorialstaat Bayern unterschieden.) Die staatliche Trennung zieht keine kirchliche nach sich: das Bistum Passau bleibt für die österreichischen Donauländer zuständig. Es wächst zur größten Diözese des Reiches heran. Bis 1469 verhindert Passau die Errichtung eines Bistums in Wien, auch danach bleibt es auf engsten Raum beschränkt. Die Landesherren antworteten mit der gezielten Förderung der Klöster als Gegengewicht. Erst Joseph II. trennt die österreichischen Gebiete gewaltsam von Passau ab.

Im Hochmittelalter findet das christliche Europa in der Wallfahrts- und Kreuzzugsbewegung seine Identität. Der Donauraum, einer der Hauptwege ins Heilige Land, nimmt einen gewaltigen Aufschwung. Im Spätmittelalter bildet sich die dynastisch-politische Dreiteilung der Donauländer heraus, die bis in die neuere Zeit Bestand hat. Der alemannisch-schwäbische Oberlauf zerfällt nach dem Untergang der Staufer in eine Vielzahl kleiner und kleinster Herrschaften. Bayern wird von den Wittelsbachern zum Flächenstaat ausgebaut, der

Freiheit und Verzicht: die Donau bei Wien

linke Seite: Weite Horizonte: Donaufahrt der Schwestern von Baumgartenberg

trotz mancher Erbteilung ein ausgeprägtes Landesbewusstsein pflegt. Von Österreich aus, dem Herzstück ihrer Erblande, gestalten die Habsburger europäische Großmachtpolitik. In der unerschütterlichen Treue zum Katholizismus werden die Habsburger von den Wittelsbachern noch übertroffen. Nicht Bischöfen noch Mönchen, sondern den beiden Herrscherhäusern verdanken die Donauklöster, dass sie die Reformation überleben. Dem neu erwachten katholischen Selbstbewusstsein geben sie glanzvollen Ausdruck, wobei die österreichischen Prälaten und die schwäbischen Reichsstifte die landständischen bayerischen Klöster an Bauleidenschaft übertreffen. „Im 17. und 18. Jahrhundert haben sich Fürsten und Äbte verschworen, die Donau zum Strom des Barock zu erheben ... Eine Schar von Baumeistern, Bildhauern und Stuckatoren bildeten der Donau entlang so etwas wie den grandiosesten Verschönerungsverein der Welt" (Gebhard Spahr).

Wenige Jahrzehnte später kommt die große Wende. Die Klöster geraten in Misskredit, gelten als unnütz und lästig. In Österreich domestiziert sie Joseph II. zu halbstaatlichen Seelsorge- und Bildungsanstalten, in Deutschland werden sie zusammen mit dem alten Heiligen Römischen Reich komplett liquidiert. Die Wiedergeburt der Klöster vollzieht sich in Bayern und Schwaben aus romantischem Geist, während in Österreich weiter der josephinische Rationalismus regiert. Chorgebet und Klausur gelten da wenig, man ist lieber weltzugewandtes „Stift" als Kloster. In Deutschland legt man hingegen Wert auf den Titel „Abtei" als Ausweis von Regeltreue und Eigenständigkeit unter einer patriarchalischen Abtgestalt. Heute haben sich die Unterschiede eingeebnet, als Nuancen sind sie noch spürbar. Ungebrochen, und vielleicht aktueller denn je, ist die Bedeutung der Klöster als heilsamer Stachel im Fleisch von Kirche und Welt. Wer hinter die Mauern blickt, entdeckt nicht Stätten voll Verzicht und Entsagung, sondern Orte tiefer, innerer Freiheit.

DILEXIT ME ET TRADIDIT
SEMETIPSVM PRO ME
VOTA MEA DNO REDDAM

Nah an der Quelle

Erzabtei St. Martin zu Beuron

Wo die Donau noch ein größerer Gebirgsbach ist, der sich durch einen Märchengarten bizarrer Kalksteinfelsen gegraben hat, liegt in einem einsamen Talkessel das Kloster Beuron. Die um das Kloster aufragenden Höhen bilden so etwas wie eine natürliche Klausur. Der Gedanke liegt nahe, dass die Brüder Maurus und Placidus Wolter, die im 19. Jahrhundert von Rom auszogen, um ein Benediktinerkloster zu gründen, gerade diese Weltabgeschiedenheit gesucht haben. Doch die Geschichte liest sich anders. Die beiden Brüder stammten aus dem Rheinland und versuchten zuerst vergeblich, sich dort niederzulassen. Sie waren erfüllt von einer romantischen Verklärung des deutschen Mittelalters. In dieser Hinsicht bot das Barockkloster Beuron nicht einmal den idealen Rahmen, aber endlich Gelegenheit, in Deutschland Fuß zu fassen. Die Beuroner prägten das Bild des Benediktinertums weit über die Grenzen Deutschlands hinaus: Wiederentdeckung des „Mönchischen" (damit auch der Laienbrüder) Pflege von Kultur und Wissenschaft, stolze Unabhängigkeit vom säkularen Staat, Ausbreitung der eigenen Kongregation durch weit gestreute Tochtergründungen. Im Mittelpunkt stand aber, wie einst in Cluny, die feierliche Liturgie. In ihrer Begeisterung für die Vergangenheit schufen die Mönche unwillkürlich Neues. Beuron wurde kein schwäbisches Cluny. Beuron wurde: Beuron.

So einsam die Landschaft um Beuron auch wirkt, sie war bereits in vorgeschichtlicher Zeit von Menschen bewohnt. Die erste Erwähnung findet das Kloster Beuron im Jahre 1097 als eines der ältesten Augustiner-Chorherrenstifte Deutschlands. Kloster und Kirche standen von Anfang an unter dem Schutz des heiligen Martin. Im späten Mittelalter wurde Beuron Ziel einer Marienwallfahrt; das Gnadenbild der Schmerzensmutter stammt aus dem 15. Jahrhundert. Im Dreißigjährigen Krieg wurde das Kloster fast völlig zerstört. Im frühen 18. Jahrhundert erfolgte durch Matthäus Scharpf der Neubau der Klosterkirche. Das Innere ist geprägt durch den Kontrast zwischen dem schlichten Weiß der unteren Raumzone und dem Formen- und Farbenreichtum der Emporen- und Gewölbezone. Die schlanken Pfeiler entwickeln sich in pflanzenhafter Kurvatur und Ornamentik in den Bögen des Gewölbes weiter. Insgesamt entstand ein Gottesdienstraum von stimmungsvoller Festlichkeit und Würde.

Die Säkularisation nach dem Reichdeputationshauptschluss von 1803 löschte die gesamte Klosterkultur in Deutschland mit einem Schlag aus. Beuron wurde mit seinen Besitzungen dem Hause Hohenzollern-Sigmaringen übertragen. 1862 stellte die Fürstin Katharina von Hohenzollern das Kloster den Benediktinern Maurus und Placidus Wolter zur Verfügung, um hier das erste Benediktinerkloster außerhalb Bayerns neu zu begründen. Die aus Bonn stammenden Brüder waren Mönche der Abtei St. Paul vor den Mauern in Rom. Papst Pius IX. hatte sie zur „Neubelebung des Benediktinerordens" in die Heimat entsandt. Das Vorbild, das die Brüder vor Augen hatten, war das 1833 gegründete Solesmes in Frankreich.

In Folge der preußischen Kulturkampfgesetze musste der Konvent schon 1875 Beuron wieder verlassen.

Die Mauruskapelle, Ausgangspunkt der Beuroner Schule

Die schroffen Kalkfelsen umstehen die Abtei wie eine natürliche Klausur

1887 kehrte er zurück und entfaltete eine weit ausgreifende Aktivität. Schon bald musste die Klosteranlage baulich erweitert werden. 1898 wurde der Abteikirche eine Vorhalle mit dem Bild des Kirchenpatrons St. Martin vorangestellt und für die Wallfahrt zur Schmerzensmutter eine eigene Gnadenkapelle im Beuroner Stil errichtet. Bis heute pilgern jedes Jahr mehr als hunderttausend Gläubige zur Beuroner Gnadenmutter. Dass die Beuroner Kunstschule nicht frei von Eiferertum war, zeigt die Zerstörung des barocken Hochaltars von Joseph Anton Feuchtmayer, der durch eine Marienkrönung im Beuroner Stil ersetzt wurde. Als die Benediktiner nach Beuron kamen, gab es dort nicht mehr Bücher, als man in eine Kiste packen kann. Heute ist daraus eine Bibliothek mit sechs Stockwerken und rund 400 000 Bänden geworden. Das „Vetus-Latina-Institut“ erforscht die altlateinischen Bibelübersetzungen und bereitet ihre Edition in 27 Bänden vor. Der Beuroner Mönch Anselm Schott gab 1883 ein lateinisch-deutsches Messbuch heraus, das zu einem Grundpfeiler der „Liturgischen Bewegung“ wurde. Edith Stein besuchte vor ihrem Eintritt in den Karmel 20 Mal Kloster Beuron und klärte in Gesprächen mit Erzabt Raphael Walzer ihren geistlichen Weg.

Beuron verstand sich von Beginn an nicht nur als Kloster, sondern als Keimzelle einer neuer Kongregation und eines eigenständigen Benediktinertyps. Der kühne Anspruch wurde eingelöst, Beuron hat die weitere Entwicklung des Benediktinerordens maßgeblich mitbestimmt.

 Die Beuroner Schule

Ein markanter Ausdruck des Beuroner Lebensgefühls wurde im späten 19. Jahrhundert die „Beuroner Kunst“. Mit ihr wollten die Benediktiner Maßstäbe setzen für eine Erneuerung der kirchlichen Kunst.

Der nach mittelalterlichem Vorbild zu neuem Reichtum entwickelten Liturgie sollte ein monumentaler, architekturgebundener Malstil ebenbürtig zur Seite gestellt werden. Begründer dieser Kunstrichtung war der Architekt und Kunsttheoretiker Peter Lenz. Er lehnte die weit verbreiteten gefühlsbetonten Andachtsbilder der späten Nazarener als religiösen Kitsch ab. Stattdessen ließ er sich von archaischen Vorbildern wie der ägyptischen, frühchristlichen und byzantinischen Kunst anregen. Die von ihm entworfene Mauruskapelle wurde zum Gründungsdokument und zugleich zum Hauptwerk der Beuroner Schule. Zur Ausmalung der Kapelle zog Lenz einen Freund aus Studienzeiten, Jakob Wüger, und dessen Schüler Fridolin Steiner hinzu. Alle drei traten ins Kloster Beuron ein und bildeten dort eine Künstlergemeinschaft, zu der noch weitere Mönche hinzu stießen. So formierte sich eine Kunstschule, die bald mit großen Aufträgen – zum Beispiel in Montecassino und Prag – betraut wurde. Die Frische und Ursprünglichkeit der Mauruskapelle sollten die späteren Werke allerdings nur selten erreichen. Das Maß erstarrte zum Schema, das monumentale Pathos zur Formel. Der Beuroner Stil hatte Anfang des 20. Jahrhundert großen Einfluss innerhalb der katholischen Welt. Unterstützt durch den 1898 gegründeten Beuroner Kunstverlag verbreitete er sich bis nach Brasilien und in die USA.

„Man geht ins Kloster, um Gott zu suchen"

P. Dr. Benedikt Schwank ist Professor für Neues Testament und lehrte 16 Jahre lang in Jerusalem.

Die Zahl der Orden und Kongregationen ist heute kaum noch zu überschauen. Ist nicht das Wesentliche – die Entscheidung für das Ordensleben – allen gemeinsam?

P. Benedikt: „Es gibt zwei große Gruppen. Die alten Orden bis Franziskus und die modernen Orden ab Franziskus. Kloster kommt von *clausura*, das ist ein abgegrenzter, mit einer Mauer umgebener Bereich. Die späteren Orden – Franziskaner, Dominikaner, Jesuiten – haben von ihren Grundsätzen her den Auftrag, hinauszugehen. Wir haben die Aufgabe, möglichst in der *clausura* zu bleiben. Von daher wird verständlich, dass im monastischen Leben alle zweckbestimmten Aufgaben ganz zweitrangig sind. Unsere erste Aufgabe ist das Gotteslob. Dem Offizium soll nichts vorgezogen werden, heißt es in der Regel. Daraus ergibt sich, dass Gäste kommen, am Gottesdienst teilnehmen, den Eindruck haben, auf

Die Barockgewölbe der Klosterkirche St. Martin

einer Insel des Friedens zu sein und sich seelisch erholen. Die modernen Orden hingegen gehen hinaus, zu Missionspredigten und dergleichen. Es ist also etwas grundsätzlich anderes, Mönch oder Ordensmann zu sein."

Werden diese Grenzen nicht mitunter verwischt? Ich denke an die Missionsbenediktiner, die in die Mission gehen und zugleich benediktinisch leben.

P. Benedikt: „Natürlich gibt es immer einmal Überschneidungen. Die Missionsbenediktiner allerdings greifen auf das Modell des heiligen Bonifatius und seiner Mönche zurück, die aus England kamen und bei uns zur Mission wieder Klöster gründeten. Sie werden also nicht einzeln mit irgendeiner Aufgabe ausgesandt, sondern mit dem Ziel, im Missionsgebiet wieder eine neue Klosterfamilie zu gründen. Und der Mönch oder die Nonne ist fest an diese Familie gebunden – sodass selbst der Papst niemanden aus einem Kloster in ein anderes versetzen kann."

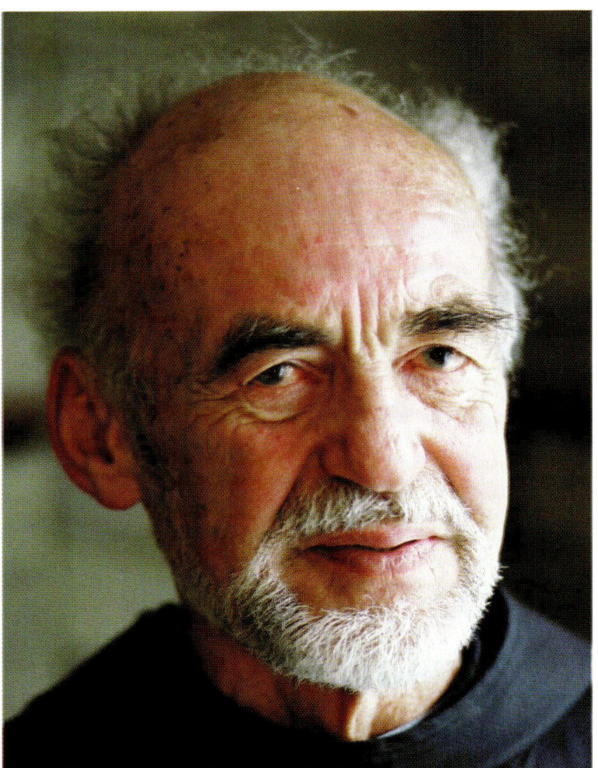

Pater Benedikt Schwank redigiert die Benediktinerzeitschrift „Erbe und Auftrag"

Gibt es eine biblische Begründung für das Leben im Kloster?

P. Benedikt: „Im Neuen Testament finden wir eine Stelle, die von den Vätern immer wieder angeführt wird: Marta und Maria. Marta arbeitet, Maria hört zu – und Jesus sagt, Maria habe den besseren Teil erwählt. Wer ins Kloster geht, gibt seine bisherige Tätigkeit auf, um Gott zu suchen. Das ist nach Benedikt die eigentliche Bestimmung des Mönchs. Der Novizenmeister soll prüfen, ob einer wahrhaft Gott sucht. Dabei helfen Zurückgezogenheit und Stille."

Welche Rolle spielt die berühmte stabilitas loci, dieses „Bleiben am Ort"?

P. Benedikt: „Der Begriff *stabilitas loci* kommt in der Regel des Benedikt nirgends vor. Er ist eine nachträgliche Erfindung. In der Regel ist die Rede von der *stabilitas in congregatione*, der Beständigkeit innerhalb ein und derselben Gemeinschaft. Ich bin Mönch von Beuron, auch wenn ich mit einem Lehrauftrag nach Jerusalem geschickt werde. Gegen die *stabilitas* im benediktinischen Sinne würde ich verstoßen, wenn ich in Jerusalem in ein anderes Kloster übertreten würde. Die Rede von der *stabilitas loci* kam erst auf, als die modernen Orden für sich in Anspruch nahmen zu reisen und zu predigen, während wir Mönche nur im Kloster bleiben sollten. Dabei gibt es in der Regel des Benedikt zwei volle Kapitel über Mönche, die auf Reisen geschickt werden."

Bruder Jakobus Kaffanke liebt die Einsamkeit - und ist doch Teil der Gemeinschaft

Benedikt und seine Regel

Der heilige Benedikt lebte und wirkte in der ersten Hälfte des 6. Jahrhundert. Was wir über sein Leben wissen, fußt hauptsächlich auf der Heiligenlegende, die Papst Gregor der Große ein halbes Jahrhundert nach dem Tod des Mönchsvaters verfasste. So führt der authentische Zugang zu Benedikt vor allem über die von seiner Hand geschriebene Regel.

„Wir wollen also eine Schule
für den Dienst des Herrn einrichten.
Bei dieser Gründung hoffen wir,
nichts Hartes und nichts Schweres festzulegen.
Sollte es jedoch aus wohlüberlegtem Grund
etwas strenger zugehen,
um Fehler zu bessern und die Liebe zu bewahren,
dann lass dich nicht sofort von Angst verwirren
und fliehe nicht vom Weg des Heils;
er kann am Anfang nicht anders sein als eng.
Wer aber im klösterlichen Leben
und im Glauben fortschreitet,
dem wird das Herz weit,
und er läuft in unsagbarem Glück der Liebe
den Weg der Gebote Gottes."

„Die Mönchsväter haben den Dämonenkampf gewagt"

Bruder Jakobus Kaffanke hatte immer schon die Sehnsucht, für sich selbst ein Haus der Stille zu gründen. Der Abt ermöglichte ihm, die uralte Tradition des Einsiedlers, der in Anbindung an ein Kloster lebt, zu erneuern. Zwei Drittel des Jahres lebt Bruder Jakobus allein in seiner Klause, 30 Kilometer von Beuron entfernt, ein Drittel des Jahres hilft er im Kloster aus.

Was macht das Mönchsleben aus?

Br. Jakobus: „Der Begriff Mönch kommt aus dem Griechischen. *Monachos* ist der, der allein lebt, der sich allein vor Gott hinstellt, und vertrauensvoll wartet, was geschieht. Er vertraut darauf, dass sich an ihm das Heil vollzieht, die Frohe Botschaft sich auswirkt. In der frühen Christenheit, so ab dem 3. Jahrhundert, haben einige Menschen sich aus den Gemeinden zurückgezogen und sind in die Wüste gegangen. Die Furcht vor den Dämonen der Wüste war damals sehr groß. Diese Mönchsväter haben den ‚Dämonenkampf' gewagt. Kurz nach Antonius, dem Vater der Eremiten, kommt Pachomius, der für das Gemeinschaftsleben steht. Und da gab es dann auch sehr bald ziemlich extreme Entwicklungen, richtiggehende Mönchsstädte mit mehreren tausend Bewohnern. Dann gab es auch noch die Styliten, die Säulensteher. Die Mönche warfen sich mit ihrer ganzen Existenz in diese Experimente hinein. Man sagt, spirituelles Leben ist wie ein Treibhaus. Die Tomaten werden besonders groß, aber auch das Unkraut. Tugenden und Laster entwickeln sich da besonders stark."

Bruder Siegfried Studer kümmert sich um die Bienenvölker der Abtei

Stimmt es, dass die besondere Stärke der Benediktsregel darin liegt, diese Extreme zu mäßigen und auszubalancieren?

Br. Jakobus: „So ist es. Im letzten, dem 73. Kapitel heißt es: Diese Regel ist ein Anfang. Wer höher steigen will, der gehe zu den Wüstenvätern und lerne dort. Benedikt gibt immer eine klare Regel vor, was der Mönch tun soll – aber der Abt soll klug unterscheiden, was der Einzelne leisten kann. Ob einer jung ist oder alt, ein Kranker oder ein Gast – es werden überall Ausnahmen gemacht und zugelassen. Benedikt vertraut dem Abt die Aufgabe an, die Regel dem Leben anzupassen."

Nennt Benedikt deshalb sein Kloster eine Schule für den Dienst des Herrn?

Br. Jakobus: „Es gibt diesen Ausdruck der Schule, aber auch den der Werkstatt und nicht zuletzt das Bild des Kämpfers, des Heeres. Schule ist ein eher kulturell geprägtes Bild, Werkstatt ist das Bild für Fleiß und Genauigkeit. Und der Soldat, der geistliche Kämpfer, das ist schon auch eine Realität des Mönchslebens. Das Schwert des Mönches ist das Wort: der Geist, der unterscheidet."

Im Mittelalter wuchsen den Klöstern Aufgaben zu, von denen Benedikt noch nichts ahnte ...

Br. Jakobus: „Die Klöster wurden Kultur- und Verwaltungszentren. Sie übernahmen Aufgaben, die ihnen eigentlich gar nicht zukommen. Die Mönche waren dann eher Gelehrte, so kam es auch zur Klerikalisierung des Mönchstums. Ursprünglich waren die Mönche keine Priester, aber da sie gebildet waren und Lateinisch konnten, sind irgendwann fast alle Mönche zu Priestern geweiht worden. So kommt es zu den großen Reformbewegungen. Und die großen Reformer – Bernhard, Franziskus, Dominikus – alle greifen immer wieder auf die Wüstenväter zurück."

Auch Beuron steht für einen Neuanfang – woran hat man sich da orientiert?

Br. Jakobus: „Als man im 19. Jahrhundert das Benediktinertum in Deutschland wieder begründete, hat man sich am Mittelalter, insbesondere Cluny, orientiert. Dieses Mönchtum war von der Liturgie geprägt und von der Wissenschaft. Damit hat man, wie ich meine, etwas zu kurz gegriffen. Das benediktinische Mönchtum ist in der Spätantike entstanden und auch nur aus diesen Wurzeln richtig zu begreifen. Schon das erste Wort der Benediktsregel ist programmatisch: Höre, besser noch horch! Damit wird das kontemplative Gebet, das *habitare secum* („In sich wohnen") angesprochen. Bei der Neubesinnung in der heutigen Krisenzeit muss man bedenken: Cluny ist nur die halbe Strecke."

Erzabtei St. Martin zu Beuron
Benediktiner (OSB), Beuroner Kongregation
Abteistr. 2, D-88631 Beuron
Tel.: 0 74 66/1 70, Fax 0 74 66/1 71 07
Homepage: www.erzabtei-beuron.de
E-Mail: gastpater@erzabtei-beuron.de

Anreise
Beuron liegt an der Bahnlinie Freiburg–Ulm. Von Norden und Süden kommend steigt man in Tuttlingen um. Von der Autobahn Stuttgart–Singen (A 81) wählt man von Norden her die Abfahrt Tuningen, von Süden die Abfahrt Geisingen. Von Osten (Ulm) kommend fährt man die B 311.

Gottesdienste
Chorgebet: 5.00 Morgenhore, 11.15 (So 10.00) Konventamt, 18.00 (So 15.00) Vesper, 19.45 Komplet.
Messfeier: wochentags 8.00; So 6.00, 7.30, 8.45, 11.15.

Besichtigung
Die Klosterkirche ist ganzjährig von 5.00 bis 20.00 geöffnet. Führungen werden an Sonntagen von Mai bis Oktober um 16.00 angeboten, außerdem nach vorheriger Anmeldung bei der Wallfahrtsleitung (Tel.: 0 74 66/1 71 75). Eine Führung durch das Kloster ist nicht möglich, an Sonntagen von Mai bis Oktober wird um 13.30, oder sonst nach Absprache mit dem Gästepater, eine Tonbildschau über das Kloster gezeigt (Zugang über die Klosterpforte).

Angebote
Männer können ganzjährig zu geistlichen Tagen ins Kloster kommen. Anmeldung und Absprache mit dem Gästepater unter Tel.: 0 74 66/1 71 58. Die Erzabtei bietet rund ums Jahr eine reiche Palette an Veranstaltungen. Dazu gehören: Beuroner Bibeltage, Theologische Woche, Beuroner Edith-Stein-Tage, Tage für benediktinische Mystik, Beuroner Tage für Fragen der Wirtschaftsethik, Montags-Forum, Geistlicher Treffpunkt (Vortragsreihe) und Konzerte im Kloster Beuron. Die Erzabtei gibt die benediktinische Monatsschrift „Erbe und Auftrag" heraus.
Der Klosterladen ist eine umfangreiche theologische Verlagsbuchhandlung. Sein Angebot wird ergänzt durch die Produkte der Klostergärtnerei und -brennerei: Beuroner Destillate, Abtei-Likör, Magenbitter, Weinaperitif und Kräuter-Weine sowie Kräuter-Cremes, alles selbst hergestelllt mit Kräutern aus dem Klostergarten (auch Versand möglich, Tel.: 0 74 66/1 71 14). Eine begehrte Spezialität der Klostermetzgerei sind Klosterwürste nach fränkischer Art aus der Hand von Metzgermeister Br. Burchard.

Unterkunft/Verpflegung
Die Gästezimmer des Klosters sind männlichen Besuchern vorbehalten. Für Frauen, Paare und Familien steht das klostereigene, von einer Pächterfamilie betriebene Hotel Pelikan zur Verfügung (gegenüber der Klosterpforte, Tel.: 0 74 66/4 06).

Ausflugstipps
Beuron liegt mitten im Naturpark Obere Donau – einem Paradies für Spaziergänger, Wanderer, Radfahrer, Reiter und Paddler. Im Ort gibt es einen Bootsverleih, geführte Wanderungen und Tagesritte. Über 70 Burgen und Ruinen laden zur Erkundung ein. Von Mai bis Oktober fährt an den Wochenenden der Naturpark-Express auf der romantischen Bahnstrecke Sigmaringen–Tuttlingen. Im ehemaligen Bahnhof von Beuron befinden sich das „Haus der Natur" Obere Donau – mit der Geschäftsstelle des Naturpark-Vereins und des Naturschutzzentrums Obere Donau (Tel.: 0 74 66/9 28 00).

Liebe macht erfinderisch

Die Barmherzigen Schwestern von Untermarchtal

Das schönste Kloster an der jungen Donau ist das ehemalige Prämonstratenserstift St. Peter und Paul in Obermarchtal. In vollendeter Harmonie liegt der frühbarocke Bau auf einer Hügelkuppe, hoch über dem sich freundlich dahin schlängelnden Flüsschen. Doch sein klösterliches Herz schlägt heute woanders. 1997 übersiedelten die Salesianerinnen, die hier seit 1919 zu Hause waren, zwei Flussbiegungen weiter nach Untermarchtal. Der klein gewordene Konvent nahm die Einladung der Untermarchtaler Vinzentinerinnen an, sich in einem Seitenflügel des dortigen Schwesternaltenheims niederzulassen. Es gibt heute kein Stundengebet mehr in Obermarchtal; das Kloster dient der Diözese Rottenburg-Stuttgart als Bildungszentrum. Ganz anders in Untermarchtal. Hier haben seit 1891 die Barmherzigen Schwestern vom heiligen Vinzenz von Paul (Vinzentinerinnen) ihr Mutterhaus. Im Laufe der Jahrzehnte wurde es immer größer, ein Zweckbau neben dem anderen wuchs aus dem Boden. Doch der nüchterne Gebäudekomplex ist erfüllt von Herzlichkeit, Gastlichkeit und guten Ideen. Für jeden Besucher gibt es ein Lächeln und ein gutes Wort. Sie sollten sich Zeit nehmen, es gilt manches zu entdecken: in Obermarchtal sehenswerte Architektur, in Untermarchtal liebenswerte Menschen.

Am Anfang stand die Not. In den beiden Spitälern der Stadt Schwäbisch Gmünd fehlte es am Nötigsten. So wandte man sich an das Mutterhaus der Barmherzigen Schwestern in Straßburg, um von dort Schwestern zu erbitten. Sie wurden 1852 entsandt – mit der Auflage, dass nach sechs Jahren ein eigenes Mutterhaus in Württemberg zu gründen sei. Rasch blühte die Gemeinschaft auf. Das Mutterhaus in Schwäbisch Gmünd war bald zu klein. 1886 erwarb der Kaufmann Josef Linder, dessen Tochter selbst Vinzentinerin war, ein ehemaliges Schlossgut in Untermarchtal und stellte es den Schwestern zur Verfügung. Fünf Jahre später übersiedelte die Kongregation von Schwäbisch Gmünd nach Untermarchtal. Zwischen den beiden Weltkriegen erreichte sie ihre größte Ausdehnung und zählte über 240 Niederlassungen. 1942 verfügte die Gestapo die Enteignung – mit der Begründung, das Vermögen sei für „volks- und staatsfeindliche Zwecke" eingesetzt worden. Die Schwestern überstanden diese Zeit durch eisernen Zusammenhalt, der das Regime vor der offiziellen Aufhebung

Auch Regen kann die Fröhlichkeit der Schwestern nicht trüben

zurückschrecken ließ. Seit 1960 sind die Untermarchtaler Vinzentinerinnen in Tansania in der Mission tätig, 1980 legten dort die ersten einheimischen Schwestern ihre Profess ab.
Das Mutterhaus in Untermarchtal, ein Konglomerat verschiedenster Gebäude, spiegelt die Geschichte der Gemeinschaft. Das Schloss, als ältester Bauteil, stammt aus dem 16. Jahrhundert. 1908/09 wurde die Rosenkranzkirche errichtet, die in den siebziger Jahren geopfert wurde, um einen Vortragssaal und weitere Räume zu gewinnen. Stattdessen errichtete man an einem erhöhten Punkt des Geländes die neue Mutterhauskirche St. Vinzenz. Die mutige und originelle Architektur deutet die topografische Lage der Kirche theologisch. Über Stufen, Vorplatz und eine innen liegende Rampe steigt man empor – wie zur hellen Stadt auf dem Berg, dem himmlischen Jerusalem. Leider wird der Gedanke in der Gestaltung des Altarraums nicht konsequent zu Ende geführt.
Dennoch wohnt dem weit gespannten Raum eine sammelnde und bergende Kraft inne.
Unweit in ruhiger Umgebung liegt das Schwesternaltenheim Maria Hilf. Hier haben auch die Obermarchtaler Salesianerinnen Aufnahme gefunden.

Weltrekord in der Guinness-Show

Im März 2001 waren die Barmherzigen Schwestern von Untermarchtal das Tagesgespräch für Millionen Fernsehzuschauer. In der „Guinness-Show" des Ersten Deutschen Fernsehens kämpften sie um einen Eintrag in das Guinness-Buch der Rekorde. Ihre Disziplin hieß: Käsebrotschmieren. Die Aufgabe: Zehn Schwestern mussten 1000 Brote in fünf Minuten schneiden, mit Kräuterfrischkäse bestreichen und dekorieren. Mit ihrem Fernsehauftritt wollten sie auf ihre Hilfsprojekte in Tansania aufmerksam machen.

Das Mutterhaus der Barmherzigen Schwestern, leicht erhöht die Klosterkirche St. Vinzenz

Der Rekordversuch gelang. „Liebe macht unendlich erfinderisch", hat Vinzenz von Paul, der Begründer der Barmherzigen Schwestern, seinen Mitarbeitern eingeprägt.

„Mutter Teresa hat uns sehr bewegt"

Sr. Marieluise Metzger ist die Generaloberin der Barmherzigen Schwestern von Untermarchtal. Als solche leitet sie die Kongregation und trägt die Verantwortung für rund 700 Schwestern, die der Gemeinschaft angehören.

Die karitativen Orden haben heute mit mancherlei Schwierigkeiten zu kämpfen. Wie antwortet Ihre Gemeinschaft darauf?

Sr. Marieluise: „Wir stellen uns der Zeit. Das ist das Entscheidende. In unserer Gesellschaft gibt es eine Glaubensnot. Wir versuchen darauf zu antworten, indem wir Menschen helfen in ihrer Suche nach Sinn, zum Beispiel mit unserer Bildungsarbeit. Oder wenn ich an unsere anderen Aufgaben denke: für alte und kranke Menschen gibt es heute hochmoderne Apparate, es fehlt aber an ganzheitlicher Zuwendung. Vinzenz von Paul sagt, die Menschen brauchen nicht nur Brot und Medizin; ohne Wertschätzung, ohne Liebe kann man keine wirkliche Hilfe leisten. Das versuchen wir in unseren Einrichtungen."

Untermarchtal ist ein offenes Haus ohne Klausur. Vermissen Sie manchmal die Möglichkeit, sich ganz zurückziehen zu können?

Sr. Marieluise: „Wir müssen uns zurückziehen und wir ziehen uns auch zurück. Auch wir müssen auftanken. Deshalb brauchen wir unsere Gebetszeiten und die jährlichen Exerzitien. Um geben zu können, muss man erst empfangen. Für uns bedeutet Kontemplation aber nicht strenge Abgeschiedenheit, sondern eher, eine Haltung der Aufmerksamkeit einzuüben, um offen zu werden für eine Wirklichkeit, von der her der Alltag neu gesehen werden kann."

Auch Mutter Teresa war bei Ihnen in Untermarchtal. Wie kam es dazu?

Sr. Marieluise: „Seit 1981 findet jedes Jahr in Untermarchtal ein Jugendtag statt. Für 1982 war ein Besuch Mutter Teresas in Deutschland angekündigt. Wir hatten die Idee, sie zum Jugendtag einzuladen, riefen in Kalkutta an und sie hat sofort zugesagt. Das war ein großes Erlebnis. Alle waren begeistert. Unvergesslich ist mir ihr Besuch bei unseren kranken und alten Schwestern in Maria Hilf. Als sie ins Haus kam und den Schwestern begegnete, sagte sie: ‚Ich spüre, hier ist das Kraftwerk und das Schatzhaus der Gemeinschaft – the power station and the treasure house.' Das hat uns sehr bewegt."

Ausflug nach Obermarchtal

Schon im 10. Jahrhundert existierte in Marchtal ein Kanonikerstift. 1171 wurde es in ein Prämonstratenserstift umgewandelt. Im 17. Jahrhundert schritt man daran, eine neue Klosteranlage zu errichten. Die Marchtaler Klosteranlage zeigt – mit ihrer vor das Rechteck des Konvents gestellten Kirche – einen Grundriss von vollendeter Symmetrie. Die Stiftskirche gilt als hervorragendes Beispiel des süddeutschen Frühbarock. Der lichtdurchflutete, vornehm weiße Raum harmoniert wundervoll mit dem warmen Holzton des Inventars – wie eine ins Festliche gesteigerte Dorfkirche.

Die Oberin der Salesianerinnen denkt mit etwas Wehmut an die Zeit in Obermarchtal zurück

Barmherzige Schwestern vom hl. Vinzenz von Paul in Untermarchtal
Margarita-Linder-Str.8, D-89617 Untermarchtal
Tel.: 07393/300, Fax: 07393/30560 oder 30561
Homepage: www.untermarchtal.de
E-Mail: untermarchtal@aol.com

Anreise

An der Bahnstrecke Ulm–Sigmaringen bei der Station Munderkingen aussteigen. Von dort Taxi oder Abholung (3 km). Autofahrer wählen die B 311 (Ulm–Sigmaringen).

Gottesdienste

Chorgebet: 6.05 (So 8.15) Laudes, 6.30 (Sa 7.00 mit Laudes)
So 8.45, Do 19.00) Eucharistiefeier, 19.00 Vesper

Angebote

Beim Bildungshaus der Barmherzigen Schwestern ist ein vielfältiges Jahresprogramm erhältlich, Tel. 07393/30250 bzw. Fax 07393/30654. E-Mail: bildungshaus@untermarchtal.de
Informationen über Jugendtag und Angebote für Jugendliche und junge Erwachsene finden Sie auf der Homepage www.jugendtag.de. (Anschrift: jugendarbeit@untermarchtal.de).
Im Bildungshaus gibt es ein reichhaltiges Angebot an religiöser Literatur und Karten, sowie Produkte aus der klostereigenen Metzgerei.

Unterkunft/Verpflegung

Das Mutterhaus Untermarchtal verfügt über ein Bildungshaus mit 180 Betten. Prospekt kann angefordert werden.

Ausflugstipps

Nicht weit von Obermarchtal liegt Zwiefalten. Die ehemalige Klosterkirche ist ein Hauptwerk des Johann Michael Fischer (Innenausstattung von Johann Michael Feichtmayr). Weiter südlich findet sich das ehemalige Zisterzienserinnenkloster Heiligkreuztal (mit gotischer Klosterkirche) und mit der bekannten Christus/Johannes-Minne.

Das Kloster zieht in die Stadt

Die Dillinger Franziskanerinnen

Stadtluft macht frei. Im 13. Jahrhundert wirbelte die wirtschaftliche und gesellschaftliche Entwicklung die feste Ordnung der mittelalterlichen Welt durcheinander. Die Städte blühten auf. Die Laien- und Armutsbewegung stellte die Kirche vor eine bisher unbekannte Herausforderung. Besonders Frauen folgten den neuen Ideen. Nach der Art der niederländischen Beginen schlossen sie sich zu Gebets- und Lebensgemeinschaften zusammen. Sie nahmen sich das Recht, ein Leben nach dem Evangelium zu führen, ohne auf Genehmigung durch die Obrigkeit zu warten. Die Kirche drängte die Bettelorden, sich um diese Frauengemeinschaften zu kümmern und als Klöster in ihre Gefolgschaft zu nehmen. Sie taten das oft nur widerstrebend. Durch die Zugehörigkeit zu einem Orden und das Gelübde, ein Leben in Armut, Gehorsam und Keuschheit zu führen, fanden die Frauen ihren Platz in der mittelalterlichen Gesellschaft. So geschah es auch in Dillingen. Aus einer Genossenschaft nach Art der Beginen wurde ein Kloster der Franziskanerinnen, eine der ältesten Gemeinschaften des regulierten Dritten Ordens in der Welt. Viel Segen ist seither vom Dillinger Mutterhaus ausgegangen. Mit seinen niedrigen Dächern, kleinen Höfen, verwinkelten Gängen und alten Türen, durch die die Schwestern ein und aus huschen, wirkt es wie ein Bienenstock der Nächstenliebe.

In der ersten Hälfte des 13. Jahrhunderts schlossen sich in Dillingen einige Frauen zusammen, um gemeinsam ein spirituelles Leben zu führen, ohne feste Regelbindung und ohne Gelübde. 1241 schenkten Graf Hartmann von Dillingen und sein Sohn (der später Bischof von Augsburg wurde) den Frauen ein Haus und etwas Grund, um ihnen eine klösterliche Existenz zu ermöglichen. Anfang des 14. Jahrhunderts verpflichtete sich die Gemeinschaft auf die Drittordensregel des heiligen Franziskus und unterstellte sich der geistlichen Führung durch die Augsburger Franziskaner. Im Heiligen Jahr 1550 gestattete der Bischof dem Frauenkloster, in der Hauskapelle das Allerheiligste aufzubewahren. Diese Auszeichnung hing wohl zusammen mit der Tatsache, dass die Dillinger Franziskanerinnen treu zum „alten" Glauben standen – ähnlich wie die Dominikanerinnen von Maria Medingen, die den neugläubigen Klostergegnern folgende Abfuhr erteilten: „Euretwegen haben wir nicht unsere Ordensgewänder angezogen, euretwegen werden wir sie auch nicht ausziehen."

Im Dreißigjährigen Krieg litt Dillingen sehr; vor der schwedischen Besatzungsmacht flohen die Schwestern nach Tirol. Im 18. Jahrhundert sollte die Klosterkirche erneuert werden. Dagegen erhob der Stadtpfarrer der benachbarten Kirche St. Peter Einspruch. Dem darob verängstigten Konvent sprach die (2001 heilig gesprochene) Kaufbeurer Klosterfrau Crescentia Höß Mut zu. 1736 beauftragte die tatkräftige Meisterin (Oberin) des Konvents, Maria Aloysia Erlacherin, den Füssener Architekten Johann Georg Fischer mit dem Neubau der Kirche. Die Innenausstattung illustriert das Kirchenpatrozinium Mariä Himmelfahrt durch Szenen aus dem Marienleben,

Die Klosterkirche der Franziskanerinnen von Dillingen liegt im Herzen der Stadt

Die Grabkapelle der Margarete Ebner in Maria Medingen wurde im Rokokostil ausgestattet

verbunden mit wichtigen Ereignissen der Klostergeschichte. In den Stukkaturen kündigt sich das frühe Rokoko an.

1774 richtete der Augsburger Bischof den Wunsch an die Schwestern, sich dem Schulwesen zu widmen und die „armen Mädchen im Lesen, Schreiben und Rechnen" sowie in französischer Sprache zu unterrichten. Die Klosterfrauen zeigten sich wenig begeistert. Sie wollten zwar dem Wunsche nachkommen, ihre Lebensweise verlange aber doch in erster Linie „klösterliche Einsamkeit, Chorsingen und Betrachten". Vor allem baten sie darum, das Kloster „mit der französischen Sprachlehre in Höchsten Gnaden zu verschonen". Sie konnten nicht ahnen, dass eben diese Lehrtätigkeit ihnen nach der Säkularisation das Weiterleben sichern sollte. Trotz Aufhebung des Klosters 1803 durften 20 Schwestern im Haus bleiben, um die Schule aufrecht zu erhalten. Die Aufnahme von Novizinnen war jedoch nicht erlaubt. Fünf Schwestern erlebten 1827 die Wiederherstellung des Klosters durch König Ludwig I. 1843 erwarb die kraftvoll aufblühende Gemeinschaft das ehemalige Dominikanerinnenkloster Maria Medingen und rettete es vor dem Abbruch. Neben Erziehung und Unterricht wuchsen den Schwestern im Laufe der Zeit auch soziale und karitative, pastorale und missionarische Aufgaben zu. In alle Welt breiteten sich ihre Niederlassungen aus. Die Dillinger Franziskanerinnen zählen heute etwa 1000 Schwestern, die in sieben Provinzen und vier Erdteilen zu Hause sind. Die Genossenschaft wurde 1943 vom Heiligen Stuhl als Kongregation päpstlichen Rechts anerkannt. Generalat und Mutterhaus sind in Dillingen. In der Mutterhauskirche halten die Schwestern seit 1935 bei Tag und Nacht „ewige Anbetung" vor dem Allerheiligsten.

Franziskus – der unvergleichliche Heilige

1181 oder 1182 wird dem Tuchhändler Pietro Bernardone in Assisi ein Sohn geboren. Er wird Giovanni getauft und Francesco gerufen, ist lebenslustig und beliebt. Als junger Mann begeistert er sich für das Ritterideal seiner Zeit, gerät in Gefangenschaft, wird krank und fällt in eine tiefe Lebenskrise. In der Begegnung mit den Aussätzigen und nach dem Verzicht auf das Erbe des Vaters findet Franziskus seine Berufung darin, ein Leben nach dem Evangelium zu führen – in radikaler Armut und Schutzlosigkeit, vollkommen vertrauend auf die Güte Gottes. Ein besonderer Zug seiner Frömmigkeit ist die innige Verbundenheit mit der Schöpfung und jeder Kreatur. Alles entspringt der Liebe Gottes, alles gehört Gott und singt seinen Ruhm. Franziskus stirbt 1226, zwei Jahre nachdem er die Wundmale Christi empfangen hat. Er gilt als der größte Heilige des Mittelalter.

Die Mystikerin Margareta Ebner

Im Dominikanerinnenkloster Maria Medingen lebte die Mystikerin Margareta Ebner, die 1291 in Donauwörth geboren wurde und mit etwa 15 Jahren in das Kloster in Mödingen eintrat. Jahrzehnte ihres Klosterlebens wandte sie sich überwiegend der Passionsmystik zu. In späteren Jahren erlebte sie intensiv die geistliche „Geburt Christi in der Seele", verbunden mit mütterlichen Empfindungen, von denen sie freimütig berichtet. Weihnachten 1344 erlangt sie aus Wien „ain Jhesus in ainer wiegen". Sie hält innige Zwiesprache mit dem Kind und fühlt sich von ihm aufgefordert, es zu stillen: „So nim ich daz bilde uzze der wiegen und leg ez an min blozzes herze mit grossem lust und süessiket". Unklar bleibt, ob es sich dabei um ein Gemälde oder eine plastische Figur handelte. Wohl kaum dürfte es identisch sein mit dem Christuskind, das heute den Altar der Margaretenkapelle von Maria Medingen ziert. Die geschnitzte Figur stammt jedenfalls aus der gleichen Zeit und gehört zu den ältesten erhaltenen Darstellungen ihrer Art in Süddeutschland. Margareta Ebner starb 1351 im Ruf der Heiligkeit. Das Kloster schuf ihr ein Ehrengrab. Die jahrhundertelange Verehrung der Margareta Ebner fand ihre offizielle Bestätigung durch die Seligsprechung im Jahre 1979. Das Grab ist auch heute jeden Tag mit Blumen geschmückt.

Kongregation der Dillinger Franziskanerinnen
Mutterhaus
Klosterstr.6, D-89407 Dillingen
Tel.: 09071/5090, Fax 09071/50958
Homepage: www.dillinger-franziskanerinnen.de
E-Mail: info@dillinger-franziskanerinnen.de
Das Mutterhaus gehört zur Provinz Maria Medingen:
Kloster Maria Medingen
89426 Mödingen
Tel.: 09076/28000, Fax: 09076/280047

Anreise
Dillingen liegt an der Bahnstrecke Regensburg-Donauwörth-Ulm. Mit dem Auto von Ulm und Günzburg kommend nimmt man die B 16 nach Dillingen, von Augsburg kommend ist Zusmarshausen die nächstliegende Autobahnausfahrt. Das Kloster findet man im Herzen der historischen Altstadt neben der Basilika St. Peter. Maria Medingen liegt 10 km nordwestlich von Dillingen.

Gottesdienste
In Dillingen: 6.15 Laudes (So 7.30, Mo 6.45), anschließend Messe, 17.45 Vesper (Mo anschließend Messe). Zur ewigen Anbetung im Schwesternchor sind Mitbeter willkommen; Zugang über die Pforte, Klosterstr. 6.
In Maria Medingen: 6.30 Laudes (So 7.30), anschließend Messe (Do 7.00 Laudes und 18.00 Messe, Sa 7.30 Messe ohne Laudes), 18.00 Vesper (Fr, Sa, So 17.30).

Angebote
Kloster auf Zeit, Besinnungswochenenden, Assisi-Fahrten und Jugendvespern organisiert das Provinzialat in Maria Medingen.

Unterkunft/Verpflegung
Beides in Dillingen kein Problem.

Ausflugstipps
Dillingen hatte seine große Zeit als Renaissance-Residenz der Augsburger Bischöfe und Sitz der Jesuiten-Universität. Die kunsthistorisch bedeutsame Studienkirche der Jesuiten, die Konvents- und Universitätsbauten („Goldener Saal") legen davon ein beredtes Zeugnis ab. Wenn man von Dillingen über Maria Medingen in nördlicher Richtung weiterfährt, gelangt man zur Benediktinerabtei Neresheim. Die Klosterkirche, ein Spätwerk von Balthasar Neumann, ist ein Bauwerk von europäischem Rang.

Geschwisterliche Wohngemeinschaft

Franziskanerkloster Ingolstadt

Franziskus sandte seine Brüder aus, zu zweit und zu dritt. Von Klosterleben war damals keine Rede, nicht einmal feste Behausungen sollten sie ihr eigen nennen. Die Zentrale bei der Portiunkula-Kirche in Assisi glich einer Art Hüttendorf, die Lieblingsorte des Heiligen waren Einsiedeleien in Felsspalten und Höhlen. Das konnte die Minderbrüder, die ihm nachfolgten, natürlich nicht durchhalten. Die Bettelorden entwickelten das Stadtkloster als die ihnen gemäße Lebensform. Ingolstadt, das älteste bestehende Franziskanerkloster in Bayern, ist ein typisches Beispiel dafür. In der schlichten, weiträumigen Kirche („Predigtscheune") versammelte sich die Stadtbevölkerung, hörte die Predigt und ging zum Beichten. Endlich kümmerte sich jemand um die Seelen der einfachen Menschen. Und heute? Wie muss City-Seelsorge heute aussehen? Und wie kann franziskanische Geschwisterlichkeit heute gelebt werden? In Ingolstadt erproben die bayerischen Franziskaner den Versuch eines „offenen Klosters", in dem Frauen und Männer, Priester und Laien miteinander leben. In Ingolstadt hat man den Mut, Neues zu wagen. Und sollten im Alltag nicht alle Blütenträume reifen, so bleibt als Trost der Volksmund, der auf die Frage, was ein Franziskaner sei, die Antwort weiß: „A Franz is kaner."

Im Jahre 1275 schenkte Herzog Ludwig II. von (Ober-)Bayern den Franziskanern bei Ingolstadt einen Bauplatz für Kirche und Kloster. Er hatte einen kirchlichen und einen politischen Grund dafür. Zum einen war es um die Seelsorge in Ingolstadt denkbar schlecht bestellt, selbst der regelmäßige Gottesdienst an der Pfarrkirche lag zeitweise brach. Zum anderen gehörte das Patronatsrecht der Pfarrei dem Kloster Niederaltaich, das im Landesteil des konkurrierenden niederbayerischen Zweiges des Wittelsbacher Hauses lag. Den Herzog ging es also in doppelter Hinsicht um Konsolidierung der Verhältnisse.

Der Bau der Kirche wurde wohl im Jahr der Schenkung begonnen und rasch zu Ende geführt. Es entstand eine dreischiffige, flach gedeckte Basilika im Stile der Bettelordensgotik, gekennzeichnet durch schmucklose Strenge und beeindruckende Ausmaße. Dazu gehört auch der Verzicht auf einen Turm, den ein Dachreiter ersetzt. Mit dem gegenüber liegenden Frauenkloster St. Johann im Gnadenthal bildete das Franziskanerkloster ein „franziskanisches Viertel", wie es damals in zahlreichen Städten entstand. Im späten 14. Jahrhundert verlängerte man den Chor der Kirche, die Seitenschiffe erhielten gegen 1500 Kreuzgewölbe. Im 18. Jahrhundert wurde auch das Mittelschiff eingewölbt. Durch den Hochaltar von 1750 teilte man den Chor in einen nur vom Kloster her zugänglichen Mönchschor und einen dem Kirchenschiff zugewandten Altarraum. Das Altarbild zeigt die Aufnahme Mariens in den Himmel; ihr ist die Kirche geweiht. Das Langhaus birgt eine Fülle von hervorragenden Epitaphen, vor allem aus dem 16. Jahrhundert.

Im Zuge der Säkularisation wurden 1803 die Franziskaner aus München nach Ingolstadt vertrieben und dort zwei Aussterbeklöster eingerichtet. Neben dem Franziskanerkloster, nunmehr „oberes Kloster" ge-

Das Ingolstädter Kloster-Experiment entwickelte sich aus der Jugendarbeit der bayerischen Franziskaner

nannt, belegte man auch das bisherige Augustinerkloster mit Franziskanern verschiedenster Herkunftsorte. Seelsorge und Predigt waren ihnen untersagt. Das aufgehobene Augustinerkloster wurde auf diese Weise zum „unteren Franziskanerkloster". Als König Ludwig I. 1827 die Franziskaner nach München zurück holte, vereinigte man die beiden Ingolstädter Restkonvente im unteren Kloster. Sein Ende kam in den Bombennächten 1945. Die Kirche, ein Juwel barocker Baukunst von Johann Michael Fischer mit Fresken von Johann Baptist Zimmermann, sank in Schutt und Asche. Die Franziskaner kehrten zurück in ihr angestammtes „oberes" Kloster, das in der Zwischenzeit als Garnisonskirche gedient und ebenfalls schwer unter Bombentreffern gelitten hatte.

In den neunziger Jahren trug sich die bayerische Franziskanerprovinz mit dem Gedanken, angesichts anhaltender Nachwuchssorgen das Ingolstädter Kloster aufzugeben. 1997 schlugen einige junge Mitbrüder dem Provinzkapitel vor, statt dessen den Versuch zu wagen, das Kloster in eine „Franziskanisch-Geschwisterliche Gemeinschaft" umzuwandeln. Das Experiment wurde – zur Überraschung der Initiatoren – mit großer Mehrheit genehmigt.

Das Testament des heiligen Franziskus

In seinen letzten Lebenstagen schieb der heilige Franziskus aus Sorge um den künftigen Weg seiner Brüder ein Testament, mit dem er seine Regel erläutern und vor Verfälschung schützen wollte. Hier ein Auszug:

„Und als der Herr mir Brüder gab, zeigte mir niemand, was ich zu tun hätte, sondern der Höchste selbst hat mir geoffenbart, dass ich nach der Vorschrift des heiligen Evangeliums leben sollte. Und ich habe es mit wenigen Worten und in Einfalt schreiben lassen, und der Herr Papst hat es mir bestätigt. Und jene, die kamen, dies Leben anzunehmen, gaben alles, was sie haben mochten, den Armen. Und sie waren zufrieden mit einem Habit, innen und außen geflickt, samt Gürtelstrick und Hosen. Und mehr wollten wir nicht haben. Das Offizium sprachen wir Kleriker wie andere Kleriker, die Laien sprachen Vaterunser. Und sehr gern verweilten wir in den Kirchen. Und wir waren ungebildet und jedermann untertänig. Und ich arbeitete mit meinen Händen und will arbeiten; und es ist mein fester Wille, dass alle anderen Brüder eine Handarbeit verrichten, die ehrbar ist. Die es nicht können, sollen es lernen, nicht aus Sucht, den Arbeitslohn zu empfangen, sondern des Beispiels wegen und um den Müßiggang zu vertreiben. Und wenn uns einmal der Arbeitslohn nicht gegeben wird, so wollen wir zum Tisch des Herrn Zuflucht nehmen und Almosen erbitten von Tür zu Tür. Der Herr hat mir geoffenbart, dass wir als Gruß sagen sollten: ‚Der Herr gebe dir den Frieden!' Hüten sollen sich die Brüder, dass sie Kirchen, ärmliche Wohnungen und alles, was für sie gebaut wird, keinesfalls annehmen, wenn sie nicht sind, wie es der heiligen Armut gemäß ist, die wir in der Regel versprochen haben; sie sollen dort immer herbergen wie Pilger und Fremdlinge."

„Natürlich war die Angst da"

P. Josef Breunig, Sr. Conrada Aigner und P. Maximilian Wagner gehören zur „Franziskanisch-Geschwisterlichen Gemeinschaft" in Ingolstadt. Sr. Conrada stieß als erste Ordensfrau vor einiger Zeit dazu; P. Maximilian, ein gebürtiger Ingolstädter, ist das jüngste Mitglied.

Wie kam es zum Kloster-Experiment von Ingolstadt?

P. Josef: „Im Team der ‚Orientierung an Franziskus', das die franziskanische Jugendarbeit leitet, kam der Wunsch auf, ein Haus zu haben, wo man mitleben kann, nicht nur ein Wochenende besucht und nicht nur eine Fahrt macht, sondern den Alltag miteinander teilt und ein geistliches Leben führt. Und es gab von der anderen Seite her, bei den Franziskanerbrüdern, das Bedürfnis, ein niederschwelliges Kloster zu haben, ein Haus, wo die Gastfreundschaft an oberster Stelle steht. Beide Interessen zusammen ergaben die Idee eines offenen Klosters oder, wie wir es genannt haben, einer Franziskanisch-Geschwisterlichen Gemeinschaft. Denn, nachdem die Arbeit der Orientierung an Franziskus und seinem Leben Frauen und Männer nicht trennt, war klar, dass die Gemeinschaft sowohl Frauen wie Männern offen stehen sollte."

Die „Schuttermutter", das Gnadenbild der Franziskanerkirche, ist Mittelpunkt des „Ingolstädter Messbundes"

Das war doch wohl nicht leicht durchzusetzen?

P. Josef: „Es war zunächst überraschend neu. Denn unter einer Klostergemeinschaft versteht man entweder Frauen oder Männer. Natürlich war die Angst da, es könnten gleich schreckliche Dinge passieren, wenn Männer und Frauen, noch dazu relativ junge, unter einem Dach miteinander leben. Das hat sich in der Zwischenzeit nicht als das Hauptproblem erwiesen."

Und wie hat sich das Experiment entwickelt?

P. Josef: „Wir haben so ziemlich alles durchgemacht, was man als Gruppe durchmachen kann. Am Anfang Aufbruchsstimmung, es gab keine großen Fragen, wir mussten Zimmer einrichten, bauen und renovieren. Dann kam langsam Ruhe hinein und die Gruppe, ihr Innenleben, wurde interessanter. Wir überlegten: Was müssen wir ändern, was kann man behalten? Bewährt hat sich sicherlich die Grundidee, dass Priester und Laien, Männer und Frauen in einem Haus miteinander leben und dass diese geschwisterliche Idee von Kirche anziehend und autentisch wirkt."

Was unterscheidet Sie von einer normalen WG?

Sr. Conrada: „Das unterscheidende Merkmal ist, dass wir versuchen, ein religiöses Leben zu führen: dass wir uns Zeit nehmen zum Beten und den Tag entsprechend gestalten, dass wir unser Leben als Auftrag, als Sendung begreifen. Wir möchten auch missionarisch sein."

Meinen Sie, dass Sie mit ihrer Lebensform das franziskanische Ordensideal verwässern?

P. Maximilian: „Das ursprüngliche Ideal des Franziskus war nicht das Klosterleben, sondern das Leben in vorbehaltloser Brüderlichkeit. Ich denke, dass unser Weg kein Verrat ist, sondern das ursprüngliche Ideal unverfälscht weiterführt."

Franziskanerkloster Ingolstadt
Bayerische Franziskanerprovinz (OFM)
Harderstr. 4, D-85049 Ingolstadt
Tel.: 0841/934750, Fax: 0841/9347533
Homepage: www.orientierung-an-franziskus.de
E-Mail: ingolstadt@franziskaner.de

Anreise
Vom Ingolstädter Hauptbahnhof fährt man mit dem Bus ins Stadtzentrum/Harderstraße. Die Innenstadt ist verkehrsberuhigt. Das Auto parkt man sinnvollerweise am Festplatz und geht den Rest zu Fuß.

Gottesdienste
Messfeier: täglich 8.00 (So 7.00), 10.00, Vesper: 18.00 (außer Di).

Angebote
Das Franziskanerkloster Ingolstadt ist das Begegnungszentrum für die franziskanische Jugendarbeit in Bayern. Das Mitleben ist für kürzere Dauer unkompliziert möglich. Informationen und das Veranstaltungsprogramm können telefonisch bei P. Maximilian Wagner oder über OaF@franziskaner.de eingeholt werden.
Die Franziskanerkirche ist bis heute die traditionelle Ingolstädter Beichtkirche geblieben, neuerdings ergänzt um Angebote moderner „City-Seelsorge". Dazu gehört ein Meditationsraum „Oase der Stille", in dem Yoga- und Meditationskurse stattfinden sowie, jeden ersten Freitag im Monat um 20.00, die „Frauenoase" (Sr. Conrada Aigner). Zum Marianischen Messbund, einer Gebetsgemeinschaft, der weltweit 1,5 Millionen Menschen angehören, kann man mehr über Tel.: 0841/9347942 oder www.messbund.de erfahren.

Unterkunft/Verpflegung
In Ingolstadt lebt es sich behaglich (Fremdenverkehrsamt Tel.: 0841/3051098).

Ausflugstipps
Das gegenüber liegende Franziskanerinnenkloster St. Johann im Gnadenthal birgt als Schätze eine „Anna selbdritt" von Hans Leinberger und eine liebevoll betreute barocke Jahreskrippe. Nur wenige Schritte entfernt ist die Kirche Maria de Victoria, deren grandioses Deckengemälde (40 m lang, 15 m breit) zu den Hauptwerken Cosmas Damian Asams zählt. Die wohl erhaltene Altstadt ist noch für weitere Entdeckungen (Liebfrauenmünster, Neues Schloss) gut.

Weltenburger
Kloster Bier

Zeiten der Prüfung

Benediktinerabtei Weltenburg

Über Weltenburg liegt der Zauber des Anfangs. Seit unvordenklichen Zeiten zieht dieser Ort die Menschen an. Am Eingang des wildromantischen Durchbruchs der Donau durch den Jurakalkstein schmiegt sich das Kloster an den Fuß eines Bergsporns, um den sich der Fluss in einer kühnen Schleife windet. Die Überlieferung berichtet, dass im frühen 7. Jahrhundert hier iroschottische Mönche an der Stelle einer heidnischen Kultstätte ihr Kloster gründeten. Weltenburg wäre demnach das älteste Kloster Bayerns. Bis heute meint man etwas von der Atmosphäre des frühen Mönchtums zu spüren. Dabei spielt die abgeschiedene Lage auf der von Donaufluten umspülten Schotterzunge sicher eine Rolle. Doch das vermochte das Kloster nicht vor Krieg und Krisen zu bewahren. Mehr noch als anderswo wurden die Gewalten der Natur – häufiges Hochwasser und Eisgang – zu immer neuen Zeiten schwerer Prüfung.
Wie soll man Weltenburg beschreiben, ohne ins Schwärmen zu geraten? Da ist die herrliche Natur, in die das Kloster genial hinein komponiert ist, der junge Konvent mit seinem liebenswürdigen Abt, der Augenschmaus der barocken Klosterkirche, der prachtvolle Biergarten, das vollmundige dunkle Klosterbier, und über allem eine warmherzige katholische Marienfrömmigkeit. „Per Mariam ad Jesum" steht auf dem Sudkessel im Bräuhaus. Man kann es lesen, während man bei einer Maß Bier im Klosterhof sitzt. Schöner kann Bayern nicht sein.

Steinzeitliche Funde beweisen, dass die Gegend an der Weltenburger Enge seit mindestens 6000 Jahren kontinuierlich besiedelt ist. Die Kelten sicherten den Berg an der Donauschleife (heute Arzberg oder Frauenberg genannt) mit Wall und Graben. Die Römer errichteten ein kleines Grenzkastell und, wie es heißt, einen der Minerva geweihten Tempel. Um 700 soll ihn der heilige Rupert in eine Marienkirche verwandelt haben. Vielleicht bezeichnet die heutige Wallfahrtskirche „Unsere Liebe Frau auf dem Frauenberg" die Stelle. Der Überlieferung nach gründeten zwei Schüler des heiligen Kolumban um 617 Kloster Weltenburg als Ausgangspunkt für die Missionierung Baierns. Als Erneuerer oder Wiederbegründer wird Herzog Tassilo III. genannt. Sicheren historischen Boden gewinnen wir erst im 10. Jahrhundert mit den Weltenburger Traditionsnotizen. Sie zeigen, dass das Kloster zeitweise mit Kanonikern besetzt war. Im 12. Jahrhundert holte der Regensburger Bischof für einige Jahre Augustiner-Chorherren aus St. Florian nach Weltenburg. Die Lage abseits der großen Städte und Straßen brachte das Kloster immer wieder in Not. Zeitweise mussten die Mönche ihren Lebensunterhalt erbetteln. Im Schmalkaldischen Krieg und im Dreißigjährigen Krieg wurde Weltenburg mehrfach geplündert. Seine Rettung und heutigen Ruhm verdankt es Abt Maurus Bächel (1713–1743), der die wirtschaftlichen Verhältnisse konsolidierte und die Gebrüder Asam mit dem Neubau der Klosterkirche beauftragte. Im 18. Jahrhundert erreichte das Weltenburger Musikleben eine einzigartige Blüte. 1803 wurde das Kloster aufgehoben. Alle Mönche außer dem Abt sprachen sich für die Aufgabe der Klostergemeinschaft aus. Abt Benedikt

Der Weltenburger Klosterhof ist zugleich einer der schönsten Biergärten Bayerns

Werner, ein hochgebildeter, vielseitiger Mann, lebte noch bis 1830 und verfasste eine Geschichte des Klosters in 24 Büchern. 1842 wurde Weltenburg als selbstständiges Priorat von Metten wiederbegründet, 1913 zur Abtei erhoben.
Die Klosterkirche St. Georg und St. Martin ist das erste große Meisterwerk der noch jungen Gebrüder Cosmas Damian und Egid Quirin Asam. Die graue Fassade von römischer Schlichtheit und Monumentalität krönt eine Statue des heiligen Benedikt. Der Ordensvater zeigt hinter sich auf den Kuppeltambour, der von zwölf sternförmig gegliederten Fenstern durchbrochen wird: ein Bild des himmlischen Jerusalem. Seine Geste verweist – das Bildprogramm im Innern vorwegnehmend – vom Zeitlichen ins Ewige, von der Weltenburg zur Himmelsstadt. Der Innenraum überrascht beim Betreten in doppelter Hinsicht: zum einen durch die geringe Größe, zum anderen durch die kostbare Pracht und raffinierte Lichtführung. Der dämmrig gehaltene, elliptische Hauptraum öffnet seine innere Kuppelschale im Scheitel. Wie frei schwebend erblickt man darüber das (von den versteckten Tambourfenstern erhellte) Deckengemälde der äußeren Schale. In der Anschauung des dreifaltigen Gottes versammelt sich der Weltenburger Heiligenhimmel um die Personifikation der *Ecclesia triumphans*, der triumphierenden Kirche. Im Weiterschreiten wandert der Blick zum Hochaltar, der sich wie ein Triumphbogen öffnet. Darin erscheint im blendenden Gegenlicht der Kirchenpatron St. Georg als Streiter Christi im Kampf gegen die Mächte der Finsternis. Den Hintergrund der vollplastisch ausgeführten Szene bildet das Wandfresko mit Gottvater, der schützend seine Hand über Maria, die Schlangenzertreterin, hält. Dieses bewegte *theatrum sacrum* flankieren der zweite Kirchenpatron St. Mar-

rechte Seite: Über den Rand der Kuppelöffnung beugt sich Cosmas Damian Asam, dahinter hat er sein Werk 1721 signiert

Einzigartig ist die idyllische Lage des Klosters, doch den Launen der Donau schutzlos ausgesetzt

tin und der Namenspatron des Bauherrn St. Maurus und vermitteln es dem Betrachter. In seiner Verschmelzung von Architektur, Plastik und Malerei, gesteigert durch die effektvolle Lichtregie, ist der Innenraum der Weltenburger Klosterkirche ein genialer Wurf. Er begründete den Ruhm Asamscher Kunst.

„Liebe auf den ersten Blick“

P. Stephan Honikel tat, was heute wenige tun: Schon als Schüler entschied er sich, ins Kloster zu gehen. Er arbeitet als Kaplan in der Pfarrseelsorge, im Kloster Weltenburg selbst ist er der Organist.

Warum wurden Sie Mönch?

P. Stephan: „Ursprünglich wollte ich Weltpriester werden. Aber auch das Klosterleben hat mich fasziniert. Das Problem war, dass ich nie ein Kloster richtig kennengelernt hatte. Ich habe darauf vertraut, dass der Herr mich dahin führt, wo er mich haben will. Und so bin ich über den Marienwallfahrtsort Medjugorje auf Weltenburg gestoßen. Meine Eltern waren ohne mich dort und haben zwei Benediktiner aus Weltenburg getroffen. Sie kamen mit der Einladung zurück, ich möge doch einmal in Weltenburg vorbeischauen. Ich tat es, und es war Liebe auf den ersten Blick.“

Was schätzen Sie am benediktinischen Leben?

P. Stephan: „Als es um die Frage Weltpriester oder Ordenspriester ging, habe ich gespürt, dass ich ein eher familiärer Typ bin, der die Gemeinschaft sucht und einen festen Ort sehr schätzt. All das finde ich bei den Benediktinern. Nicht versetzt zu werden, nicht ‚umherzuziehen‘, wie das zum Beispiel die Franziskaner kennen; dass der Tag einen Rhythmus hat, in den man hineinwächst, der einem auch wirklich Halt gibt; dass man nicht wie ein Weltpriester

Außer dem Gottesdienst sind die Mahlzeiten das wichtigste Element klösterlichen Gemeinschaftslebens

sich die Gebetszeiten selbst suchen muss, sondern das gemeinsame Gebet einfach feststeht, dass der feierliche gregorianische Choral gesungen wird: all das ist für mich wichtig."

 Die älteste Klosterbrauerei der Welt

In einer Urkunde im Jahre 1050 wird erwähnt, dass im Kloster Weltenburg Bier gebraut wird. Damit ist die Klosterbrauerei Weltenburg die älteste Klosterbrauerei der Welt. Im modern eingerichteten Sudhaus gegenüber der Klosterkirche wird das Bier nach dem bayerischen Reinheitsgebot von 1516 gebraut. Eine Besonderheit ist der Lagerkeller, der rund 40 Meter unter der Erde in den Jurafels getrieben wurde.

Die Weltenburger Brauerei bietet sieben Biersorten an, darunter das vollmundige, nicht zu süße „Barock-Dunkel", das süffig-würzige „Barock-Hell" und das „Asam-Bock", ein Doppelbock mit 18% Stammwürze. Die Klosterschenke Weltenburg serviert das berühmte Weltenburger Bier direkt aus dem Brauereikeller, dazu Spezialitäten wie Donaufisch, „Weltenburger Stierl" und Klosterkäs.

„In Bayern gute Tradition"

1934 kam die Wirtsfamilie Röhrl nach Weltenburg. Anton Röhrl sen. war damals acht Jahre alt. Nach Rückkehr aus der Kriegsgefangenschaft übernahm er den elterlichen Betrieb und baute ihn aus. Zehn Jahre lang war er Präsident des Bayerischen Hotel- und Gaststättenverbands. Heute führt sein Sohn, Anton Röhrl jun., in dritter Generation die Klosterschenke Weltenburg.

Ihr Vater hat gegen Kriegsende dramatische Augenblicke für das Kloster erlebt. Können Sie uns davon erzählen?

Anton Röhrl sen.: „Es war in den letzten Kriegstagen, da stand ein Mann in der Tür und wollte verpflegt werden. Es handelte sich um einen SS-Offizier, der den Auftrag hatte, mit seinen Leuten das Kloster in die Luft zu sprengen. Im Kloster befand sich ein Polizeibeschaffungslager, das nicht in die Hand der Amerikaner fallen sollte. Als mein Vater herausbekam, dass der Mann früher Wirt in Frankfurt gewesen war, verwickelte er ihn in ein Gespräch unter Kollegen. Er forderte ihn auf, sich erst einmal die Kirche anzuschauen und zu bedenken, ob er dieses Werk zerstören wolle. Als der SS-Mann aus der Kirche zurückkam, teilte er meinem Vater mit, er werde mit seinen Leuten abziehen."

Wenn man als Wirtssohn im Kloster groß wird, ist einem als Kind klar, wie ungewöhnlich das ist?

Anton Röhrl jun.: „Man kennt ja nichts anderes. Man empfindet die Verhältnisse zunächst als normal und als den Mittelpunkt der Welt. Aber so nach und nach begreift man, dass man hier an einem Fleck ist, der etwas ganz Besonderes darstellt – der eine große Geschichte hat und auch auf die Menschen eine große Anziehungskraft ausübt."

Gibt es manchmal Reibungspunkte zwischen Gastwirtschaft und klösterlichem Leben?

Anton Röhrl jun.: „Zunächst einmal ist es in Bayern gute Tradition, dass Kirche und Wirtshaus beisammen sind. Auf der anderen Seite entwickelt der Biergarten an Spitzentagen schon einen gewissen Lärmpegel. Und da versuchen wir, Rücksicht zu nehmen. Das ist ein Geben und Nehmen."

Abtei Weltenburg
Benediktiner (OSB), Bayerische Kongregation
Asamstr. 32, D-93309 Kelheim-Weltenburg
Tel. 09441/2040, Fax: 09441/20 41 45
Homepage: www.kloster-weltenburg.de
E-Mail: abtei-weltenburg@t-online.de

Anreise
Ein direkter Bahnanschluss ist nicht vorhanden. Die nächsten Bahnhöfe sind Saal a. d. Donau und Abensberg. Von dort rund 10 km per Taxi. Mit dem Auto 5 km südwestlich von Kelheim, die Donau aufwärts fahren.

Gottesdienste
Das Chorgebet ist während der Sommermonate in der Klosterkirche: 5.30, 11.45, 18.00 (So 17.45), 20.30.
Messfeier: wochentags 7.00, So 7.30, 10.30 (Konventamt).

Besichtigung
Kirchenführungen für angemeldete Gruppen besorgt P. Leopold Lörnitzo (Dauer rund 45 Min.).

Angebote
Das Kloster ist Träger der „Weltenburger Akademie" mit ihrer Heimvolkshochschule, die eine Reihe von Seminaren und Vorträgen anbietet. Das Jahresprogramm gibt es bei P. Leopold Lörnitzo (Tel.: 09441/2041 43 oder 2041 62). Für Gruppen steht die Begegnungsstätte St. Georg bereit. Unabhängig davon sind auch Besinnungstage als Einzelgast möglich. Nähere Auskünfte hierzu über P. Joseph Spiegel.
Im Klosterladen kann man u. a. Honig, Likör (Herstellung durch die Klosterschenke) und natürlich das Weltenburger Klosterbier erwerben.

Unterkunft/Verpflegung
Übernachtungsmöglichkeit bietet das Kloster in der Begegnungsstätte St. Georg (60 Betten), ansonsten stehen Pensionen und Gasthöfe im Ort bereit. Die Klosterschenke (Tel.: 09441/3682) findet man im Internet unter www.Klosterschenke-Weltenburg.de. Von Mitte November bis Mitte März ist der Gastbetrieb geschlossen.

Ausflugstipps
Die schönste Art, sich Weltenburg zu nähern, ist von Kelheim (mit der Befreiungshalle von 1863) durch den Donaudurchbruch. Irgendwann taucht das Kloster mit seiner Schauseite hinter einen Flussbiegung auf. Die Fahrt Kelheim-Weltenburg dauert 40 Min, der Rückweg 20 Min. Auskünfte gibt die Personenschifffahrt Schweiger (Tel.: 09441/3402, Internet: www.renate.de). Sehr empfehlenswert ist es, den Hinweg als Wanderung zu gestalten (rund 1 1/2 Stunden), die am Gasthof „Zum Klösterl" und einer ungewöhnlichen Felsenkirche vorbei führt. Nach der Einkehr im Klosterbiergarten und einem Spaziergang zur Frauenbergkapelle genießt man die Schifffahrt durch die Weltenburger Enge.

Vom Geist des Karmel

Karmelitenkloster St. Joseph Regensburg

Regensburg war im Hochmittelalter nicht nur die vornehmste, sondern auch die volkreichste und wohlhabendste Stadt des Reiches. Der Garant des Regensburger Reichtums spannt sich seit 1146 über die Donau: die Steinerne Brücke. Sie war der bequemste Übergang weit und breit. Kaiser, Herzog, Bischof und Bürger wetteiferten darin, sich in der freien Reichsstadt mit Bauten gegenseitig zu übertrumpfen. Dicht gedrängt stehen die Zeugen der Geschichte im Dombezirk. Neben dem mächtigen Gebirge des Domes duckt sich die frühgotische Kirche St. Ulrich, dahinter grüßt die würdevolle romanische Doppelturmfassade der Niedermünsterkirche. Gegenüber, bei Herzogshof und Römerturm, liegt die Alte Kapelle. Sie schmückt sich mit dem Titel „Taufkirche Baierns". Der Innenraum mit seinem verschwenderischen Rokokodekor wurde unlängst restauriert. Inmitten dieser einzigartigen Fülle von Denkmälern übersieht man leicht eine weitere Giebelfront in den strengen Formen des römischen Barock: die Karmelitenkirche. Den wesentlichen Unterschied zu all den anderen Kirchen erkennt nur, wer ihr Inneres betritt. Die Scharen der Touristen ziehen draußen vorbei. Das Gotteshaus ist dennoch gut besucht. Hier findet man die Beter.

In der Reformationszeit war die überwiegende Mehrheit der Regensburger Bürgerschaft protestantisch geworden. Während des Dreißigjährigen Krieges besetzten 1633/34 die Schweden die Stadt. Sie zogen alle geistlichen Güter ein und öffneten die Kirchen, auch den Dom, dem lutherischen Gottesdienst. Im Jahr darauf rief Kaiser Ferdinand II. die unbeschuhten Karmeliten nach Regensburg. Von ihnen versprach er sich einen Aufschwung des katholischen Lebens. Am Anfang hatten die Karmeliten in der Reichsstadt mit zahllosen Widrigkeiten zu kämpfen. Kaiser Ferdinand III. legte 1641 persönlich den Grundstein der Kirche, doch erst zehn Jahre später konnte mit dem Bau begonnen werden. Die Architektur folgt dem klassischen Schema des italienischen Frühbarock. 1672 wurde die Kirche dem heiligen Joseph geweiht.

Zum Ansehen der Karmeliten in Regensburg trug vor allem ihr selbstloses Wirken während der Pest 1713 bei. Die Erfindung des „Karmelitengeistes" durch P. Ulrich Eberskirch 1721 brachte wirtschaftliche Sicherheit. Bei der Säkularisation blieben die Klöster in Regensburg zunächst verschont. Erst als die Stadt 1810 dem Königreich Bayern eingegliedert wurde, folgte die Aufhebung. Zwei Brüder durften bleiben und – nunmehr zu Gunsten der Staatskasse – das „Königliche Melissengeistinstitut" weiter betreiben. Die Kirche diente als Mauthalle, die Gruft als Lager, das Kloster als Gefängnis. Der Hochaltar, eine Stiftung Kaiser Leopolds I., wurde in die Pfarrkirche nach Schärding verfrachtet, wobei der Tabernakel in der Donau versank. Ab 1836 wurden Kirche und Kloster Zug um Zug den Karmeliten zurückgegeben. Da man zu jener Zeit den Regensburger Dom gerade von seinen barocken Einbauten befreite, konnte die Kirche dessen Josephsaltar als neuen Hochaltar erwerben. Auch Betrieb und Ertrag der Geistfabrik fielen an den Orden zurück. Rückblickend kann man sagen: Die auf königlichen Befehl während der Aufhebung weitergeführte Herstellung des Karmelitengeistes trug wesentlich zur Wiedererrichtung des Klosters bei.

Die Einsiedler vom Berge Karmel

Die Karmeliten führen ihre Ursprünge auf den Berg Karmel zurück, einen waldreichen Gebirgszug im Heiligen Land. Hier lebte und wirkte der Prophet Elija, den die Karmeliten als ihren geistlichen Vater verehren. Eine formelle Ordensgründung fand nicht statt. Historisch nachweisbar ist eine Gruppe von Einsiedlern, die im Gefolge der Kreuzfahrer ins Heilige Land gekommen waren. Sie ließen sich in den Höhlen am Berg Karmel nieder. Um das Jahr 1210 gibt ihnen der Patriarch von Jerusalem eine Regel, die bis heute gültig ist. Ein Merkmal des Ordens ist die besondere Marienverehrung, sodass die Einsiedler schon bald Brüder Unserer Lieben Frau vom Berge Karmel genannt werden. Mit dem Vordringen des Islam werden die Verhältnisse in Palästina immer drückender, die Karmeliten weichen nach Europa aus. Wie es dem Geist der Zeit entspricht, organisieren sie sich im Abendland nach Art der Bettelorden. Sie gründen kleine Klöster mitten in der Stadt. Die Verbindung des zurückgezogenen beschaulichen Lebens mit der Seelsorge für die Stadtbevölkerung wird zum Merkmal des Karmelitenordens. Im 16. Jahrhundert unternimmt in Spanien die heilige Teresa von Avila zusammen mit dem heiligen Johannes vom Kreuz eine Reform des zunehmend verweltlichten Ordenslebens. 1580 kommt es zum Bruch zwischen dem Stammorden und der Reformbewegung, zur Unterscheidung „beschuhte" und „unbeschuhte" Karmeliten genannt. Heute hat

Die Karmelitenkirche, eine römische Barockfassade mitten in Regensburg

Das Geheimnis der Herstellung des Karmelitengeistes wird von den wenigen eingeweihten Brüdern streng gehütet

sich für den Reformzweig statt dessen der Name „Teresianische Karmeliten" eingebürgert. Teresa von Avila und Johannes vom Kreuz wurden in jüngster Zeit als Lehrmeister der christlichen Mystik neu entdeckt und sind heute aktueller denn je. Zu den viel verehrten karmelitanischen Heiligen gehören auch Therese von Lisieux und Edith Stein, die mit ihrem Ordensnamen Teresia Benedicta a Cruce hieß.

Johannes vom Kreuz, der Meister des mystischen Weges

Johannes vom Kreuz wird 1542 in Kastilien geboren. Der Sohn einer armen Weberin – sein Vater stirbt schon früh – durchlebt eine entbehrungsreiche Kindheit. Während seiner Schulausbildung bei den Jesuiten macht er sich als Pfleger im Seuchenhospital nützlich. Bald nach der Priesterweihe gewinnt ihn Teresa von Avila für ihren Plan, Reformklöster des Karmel zu gründen. 1577 nehmen ihn Ordensbrüder des Stammordens als „Rebell" gefangen und halten ihn in Toledo fest. Nach neun qualvollen Monaten gelingt ihm die Flucht. Es folgen Jahre, in denen er vielseitige Leitungsämter bei den unbeschuhten Karmeliten ausübt und – eher nebenher – geistliche Schriften verfasst. 1591 stirbt er. Johannes vom Kreuz wird heute nicht nur als Mystiker, Theologe und Kirchenlehrer verehrt, er gilt auch als einer der bedeutendsten spanischen Dichter. Seine Hauptwerke „Aufstieg auf den Berg Karmel" und „Die dunkle Nacht" wurden zu Klassikern.

> „Willst du dahin gelangen, alles zu kosten,
> suche in nichts Genuss.
> Willst du dahin gelangen, alles zu wissen,
> verlange in nichts etwas zu wissen.
> Willst du dahin gelangen, alles zu besitzen,
> verlange in nichts etwas zu besitzen.
> Willst du dahin gelangen, alles zu sein,
> verlange in nichts etwas zu sein.
> Willst du erlangen, was du nicht genießest,
> musst du hingehen, wo du nichts genießest.
> Willst du gelangen zu dem, was du nicht weißt,
> musst du hingehen, wo du nichts weißt.
> Willst du gelangen zu dem, was du nicht besitzest,
> musst du hingehen, wo du nichts besitzest.
> Willst du erlangen, was du nicht bist,
> musst du hingehen, wo du nichts bist."

„Wenn jemand etwas von jener tiefen Liebe zu Gott in sich trägt, die nach schweigender Zurückgezogenheit verlangt, dann würde man ihm und der Kirche großes Unheil zufügen, wenn er auch nur einen Augenblick zur ‚Aktivität' und zu auch noch so bedeutsamen Beschäftigungen genötigt würde. Gott selber beschwört uns ja, die Seele nicht aus solcher Liebesbegegnung aufzustören. Wer kann dies dann ungestraft wagen? Schließlich sind wir doch für solche Liebe geschaffen worden!"

Der Regensburger Karmelitengeist

Weit zurück soll die Geschichte des „Extraordinairen Schlagwassers der Barfüßer Carmeliter" in Spanien reichen. Von ihm heißt es: „Die wahre Eigenschaft dieses souveränen Wassers ist, dass es das Herz fröhlich mache, den kalten Magen erwärmet, die Verdauung befördert, die verstopften Gänge des Gehirns eröffnet, die Melancholie vertreibt, die Schmerzen stillet, die Lebensgeister stärket, sowohl durch seinen Geruch als eingenommen; daher es niemand schaden kann."

Fest steht, dass 1611 in Paris ein „Eau des Carmes" auf den Markt kam. Pater Ulrich Eberskirch, ein gelernter Apotheker soll die Zusammensetzung dieses Pariser „Ur-Geistes" gekannt haben. Im Regensburger Kloster entwickelte er nach dreijährigem Tüfteln und Experimentieren im Jahre 1721 eine noch verbesserte Rezeptur. Der Echte Regensburger Karmelitengeist ist ein naturreines Destillat aus Gewürzen und Kräutern und wird bis heute von den Karmelitenbrüdern im Kloster St. Joseph zu Regensburg selbst hergestellt.

Das Titelblatt des „Goldenen Spendenbuches" von 1652

Karmelitenkloster St. Joseph

Teresianischer Karmel (OCD), Deutsche Provinz
Alter Kornmarkt 7, D-93047 Regensburg
Tel.: 0941/585330, Fax: 0941/58533 28

Anreise

Das Karmelitenkloster liegt im Herzen der Regensburger Altstadt, unweit des Domes.

Gottesdienste

Wochentags: 6.30, 9.00, 10.00; So: 7.30, 8.30, 9.45.

Angebote

In der Karmelitenkirche ist täglich Aussetzung des Allerheiligsten und von 9–11 und 15–17 Beichtgelegenheit. Viel besucht sind die Christkindl-Andachten 9 Tage vor Weihnachten. An der Klosterpforte erhält man den „Echten Regensburger Karmelitengeist" (in Süddeutschland auch in Apotheken, ansonsten Direktbezug beim Kloster). Seit 1999 stellt die Konditorei Pernsteiner „Regensburger Karmelitentrüffel" her, sie sind ebenfalls an der Klosterpforte erhältlich (kein Versand).

Unterkunft/Verpflegung

Nicht weit vom Karmelitenkloster, auf der anderen Seite des Domes, liegt der Bischofshof (Hotel und Traditionsgaststätte, eigene Brauerei). Zimmerreservierung über Tel.: 0941/58460.
Ansonsten Tourist-Information Regensburg, Tel.: 0941/5074410.

Ausflugstipps

Die Freie Reichs- und Bischofsstadt Regensburg war im Mittelalter die bedeutendste unter den Donaustädten, erst in der Neuzeit trat sie hinter Wien zurück. Die Regensburger Altstadt ist ein absolutes Muss für jeden Donaureisenden. Man sollte sich mehrere Tage Zeit dafür nehmen.

Mut zum Neuanfang

Prämonstratenserabtei Windberg

Abtei Windberg, das sagt Ihnen nichts? Nun, da stehen Sie nicht allein. Das Kloster liegt ein wenig im Windschatten der traditionsreichen Nachbarn Metten und Niederaltaich. Vielleicht auch deshalb, weil es gilt, vom großen Trampelpfad entlang der Donau ein paar Schritte in Richtung Bayerischer Wald abzuweichen. Wer sich die Zeit nimmt und die wenigen Kilometer in den sacht ansteigenden Vorwald hinein fährt, entdeckt ein verborgenes Juwel. In der stillen Hügellandschaft liegt die Abtei, als hätte sie in einem Dornröschenschlaf die Zeitläufte seit dem Mittelalter nahezu unversehrt überdauert. Aus der Nähe gesehen wandelt sich das Bild überraschend: in den alten Mauern ist Jugend Trumpf. Die Prämonstratenserabtei beherbergt eine viel besuchte Jugendbildungsstätte, und auch der Konvent selbst ist mit einem Durchschnittsalter von knapp über 40 Jahren einer der jüngsten des Landes. Eine sprudelnde Quelle modernen geistlichen Lebens.

Durch einen Rundbogen betritt man die Anlage, die sich rund um die Kirche wie eine mittelalterliche Klosterstadt ausbreitet. Seit 1140 ist hier eine Gemeinschaft der Prämonstratenser nachweisbar, also nur wenige Jahre nach dem Tod des Ordensgründers. In den Folgejahren wurde die bestehende Pfarrkirche durch eine große Klosterkirche ersetzt. Außen hat die dreischiffige Basilika ihr romanisches Erscheinungsbild bewahrt. Innen ist die Raumstruktur in ein festliches Rokoko-Gewand gekleidet, das mit dem wuchtig-strengen Außeneindruck reizvoll kontrastiert. Sehenswert sind die vier Seitenaltäre von Matthias Obermayer und die Einlegearbeiten an den Sakristeischränken von Bruder Fortunat Simon. Eine im 19. Jahrhundert geplante „Purifizierung" des Kirchenraumes unterblieb gottlob. Der Grund: Geldmangel. 1504 hatte das Kloster sich gezwungen gesehen, einen großen Teil seiner Güter zu verkaufen. Von da ab gehörte es zu den ärmeren im Lande. So blieb die mittelalterliche Bausubstanz vom barocken Baufieber weitgehend verschont. Dazu zählt neben der Kirche auch die ehemalige Prälatur (heute Pfarrhof). Nur das spätgotische Konventgebäude, das man als ein „rechtes Gefenkhnuss und eine enge Keuchen" empfand, wurde im 18. Jahrhundert niedergelegt und durch einen Neubau ersetzt. Geplant war eine vierflügelige Anlage, sie wurde nur teilweise verwirklicht. Bei der Säkularisation 1803 wurde das Kloster aufgehoben und zeitweise als Brauerei genutzt. Erst 120 Jahre später gelang Prämonstratensern aus der niederländischen Abtei Berne der Neuanfang. Seit dem 11. Juli 1924, dem Ordensfest des heiligen Norbert, wird in Windberg wieder regelmäßig das gemeinsame Chorgebet nach prämonstratensischem Ritus geübt. In den letzten Jahren wurde das Kloster von Grund auf renoviert und für die Bildungsarbeit hergerichtet. Dazu gehört auch ein Bettentrakt mit modernster Energietechnik, das „Gebhard-Haus". Der Vorplatz ist verkehrsberuhigt und neu gepflastert worden, was den Eindruck eines beschaulichen „Klosterdorfes" wirkungsvoll unterstreicht.

 Der kleine Unterschied am Anfang

Die Gründungsgeschichte Windbergs zeigt einen kleinen, aber feinen Unterschied zur üblichen Entstehungsweise mittelalterlicher Klöster. Nicht ein adeliger oder geistlicher Herr steht zu Beginn der Klostergründung, dem es darum geht, einen strategischen Punkt auf der Landkarte zu besetzen und gleichzeitig etwas für sein Seelenheil zu tun. Umgekehrt: eine Gruppe von Priestern, die auf einem gräflichen Schloss (eben Windberg) Dienst tut, will sich zu einer klösterlichen Gemeinschaft zusammenschließen. Der Graf, dessen Familie kurz zuvor ein anderes Kloster gegründet hat – Oberalteich an der Donau –, ist davon keineswegs begeistert. Schließlich muss ein Kloster auch mit Besitz ausgestattet werden, um leben zu können. Erst als der böhmische Herzog Wladislaus, der mit den Prämonstratensern befreundet ist, sich bereit erklärt, an der Dotierung des Klosters mitzuwirken, überlässt Graf Adalbert sein Schloss den Klerikern als Kloster und übersiedelt nach Bogen. An der Altarweihe der neuen Kirche 1142 nimmt auch Bischof Heinrich von Olmütz teil, ein Freund des heiligen Norbert und Wegbereiter des Prämonstratenserordens in Mitteleuropa. Der Anstoß zur

Die Klosterkirche Mariä Himmelfahrt ist eines der seltenen Zeugnisse romanischer Baukunst in Bayern

Klostergründung kommt somit von der anderen Seite des Böhmerwaldes! Da jedes Kloster eine „Vaterabtei" braucht und Windberg keine hat, wird es einfach dem Stammkloster des Ordens, Prémontré, unterstellt.

Bei der Abtwahl schaut man wieder nach Westen und holt den in Köln geborenen Gebhard vom Niederrhein an die Donau.

Abt Gebhard, eine überragende Persönlichkeit, regiert 50 Jahre und macht Windberg zu einem Zentrum der Wirtschaft und Wissenschaft. Im noch weitgehend unzugänglichen Waldgebiet gründet er Pfarreien und Siedlungen und errichtet die erste nachweisbare Glashütte des Bayerwaldes. Er lässt bedeutende Handschriften anfertigen, verfasst auch selbst Bücher und Kommentare.

Bereitschaft zum Risiko: Windberg und Roggenburg heute

120 Jahre bleibt Windberg nach der Säkularisation verwaist. Und ohne die Hartnäckigkeit des damaligen Ortpfarrers von Windberg, Johann Kugler, wäre die Wiederbegründung 1923 ausgerechnet an der Kirche gescheitert. Durch den Hinweis eines Paters aus dem deutsch-böhmischen Kloster Tepl bei Marienbad werden die niederländischen Prämonstratenser auf Windberg aufmerksam. Doch der Bischof von Regensburg gibt ihrem Ersuchen einen ablehnenden Bescheid, „weil sie die einheimische Sprache nicht beherrschen". Der Pfarrer von Windberg protestiert. Er sei bereit, die Seelsorge so lange weiterzuführen, bis die Patres sich eingelebt hätten. „Es erfordert die Gerechtigkeit, dass der Orden, wenn er es wünscht, das Kloster wieder erhalten kann. Einen Widerstand von geistlicher Seite hätte der Pfarrer nicht erwartet." Endlich gibt der Bischof seine Zustimmung. Doch noch jahrzehntelang kämpft das Kloster um seine Existenz. Nach dem Zweiten Weltkrieg schmilzt der Konvent so zusammen, dass die Auflösung droht. Der Nachwuchs bleibt aus. Noch einmal entsendet die Mutterabtei Berne 1957 fünf Mitbrüder aus den Niederlanden nach Windberg. Und jetzt geht es aufwärts.

1963, 40 Jahre nach Wiederbegründung, bekommt das Kloster endlich die Pfarrei Windberg übertragen. Seit den siebziger Jahren wird ein Jugendhaus aufgebaut, das sich inzwischen als Jugendbildungsstätte des Bezirks Niederbayern etabliert hat. 1981 klopfen einige junge Leute an und erkundigen sich nach der Bereitschaft des Klosters, das ehemalige Reichsstift Roggenburg im Landkreis Neu-Ulm neu zu aufzubauen. Die Windberger unter Abt Thomas Handgrätinger, der selbst ein gebürtiger Ulmer ist, lassen sich auf das Wagnis ein. Heute ist Roggenburg ein Windberger Priorat, in dem elf Patres leben und als Team neben der Pfarrseelsorge vor allem Jugend-, Ehe- und Familienarbeit betreiben. Ein „Zentrum für Familie, Umwelt und Kultur" ist im Aufbau. „In Roggenburg ist ein ungeheurer Aufbruch zu spüren, der auf Windberg zurückwirkt. Die Bereitschaft zum Risiko hat auch Windberg belebt, verjüngt und bereichert", sagt Abt Thomas.

Der Taufstein, einer der formenreichsten und besterhaltenen seiner Art in Deutschland, entstand um 1225

Der Heilige Norbert, Ordensgründer der Prämonstratenser

Um das Jahr 1080 am Niederrhein geboren, lebt Norbert als Stiftsherr von St. Viktor in Xanten zunächst das „Durchschnitts-Christentum" eines Adeligen seiner Zeit. Doch dann erfasst ihn der Geist der kirchlichen Reformbewegung des Hochmittelalters. Nach innen geht es um geistliche Erneuerung des Klerus und nach außen um Befreiung der Kirche von staatlicher Bevormundung. Norbert kennt die Großen des Reiches. Als Hofkapellan begleitet er König Heinrich V. nach Italien und wird Zeuge, wie der König versucht, den Papst mit erpresserischer Gewalt zur Anerkennung der königlichen Ämterverleihungen zu nötigen. Manche sagen, dass diese Erfahrung Norberts Wandlungsprozess oder – traditionell gesprochen – seine „Bekehrung" ausgelöst hat. Er verlässt alles, was er besitzt, und zieht als Wanderprediger durch die Lande. Beim Volk erregen seine Predigten Bewunderung und Aufsehen, doch die Standesgenossen in den Stiften lassen sich von seinen Reformideen zunächst nicht sonderlich beeindrucken. Da gründet er am Weihnachtstag 1121 im französischen Prémontré bei Laon mit einigen Gefährten eine neue Priestergemeinschaft. Das ist die Geburtsstunde des Ordens der Prämonstratenser. Als Ordensregel übernimmt er die Regel des heiligen Augustinus. Das weiße Bußgewand, das Norbert seit seiner Bekehrung trägt, wird zum Ordenskleid. Das Beispiel macht Furore: Viele Stifte übernehmen die Lebensform von Prémontré, andere gründen sich nach ihrem Vorbild neu. Norbert selbst freilich hält es nicht in Prémontré. Er zieht weiter predigend durch Europa, legt seinen Schwerpunkt mehr auf die östlichen Grenzen des Reiches und die Mission der slawischen Völker. 1126 wird er zum Erzbischof von Magdeburg berufen. Dort stirbt er 1134 an einer Malariainfektion, die er sich in hoher politischer Mission in Rom geholt hat. Im Prager Kloster Strahor liegt er begraben.

Der Einsiedler von Heilig Kreuz

Oberhalb von Windberg liegt die kleine Wallfahrtskirche „Heilig Kreuz". Sie wurde 1695 errichtet und birgt ein altehrwürdiges Kreuz, das dort verehrt wird. Im 18. Jahrhundert hat man eine Heilige Stiege errichtet, die – wie das römische Vorbild noch heute – von den Pilgern auf Knien erklommen wurde. Direkt an die Kirche angebaut ist eine Einsiedlerklause. Vor der Säkularisation gab es in Bayern die Freisinger Eremiten-Kongregation, die neben rund 150 anderen Klausen auch die von Heilig Kreuz versah. Danach stand die Einsiedelei einige Jahrzehnte leer. 1843 wurde die Eremiten-Verbrüderung im Bistum Regensburg neu begründet und auch in Heilig Kreuz zog wieder ein Bruder ein. Die Geschichte der Einsiedelei im 19. Jahrhundert ist geprägt von Licht und Schatten. Neben markanten und hoch geachteten Persönlichkeiten finden sich auch Vertreter mit manchmal allzu menschlichen Zügen. Von einem wird berichtet, er sei gern im Wirtshaus gesessen und habe die Zunge nicht im Zaume halten können, sei ansonsten aber ehrlich und christlich, bußfertig und ritterlich gewesen. Von 1934 bis 1960 war kein Einsiedler in Heilig Kreuz. Dann bezog Frater Konrad Brückl die Klause, ein beim Volk beliebter, echter, glühender Einsiedler. 1974 folgte ihm Frater Michael Wittmann, der bis heute Kirche und Klause versorgt und durch sein Leben in Stille und Gebet Gott die Ehre gibt.

rechte Seite: Vom Konventsgebäude und Gotthard-Haus geht der Blick weit in sanft gewellte Hügelland

Morgens, mittags und abends führt das Chorgebet die Klostergemeinschaft zusammen

Abtei Windberg
Prämonstratenser (OPraem), deutschsprachige Zirkarie (Provinz)
Pfarrplatz 22, D-94336 Windberg
Tel.: 09422/8240, Fax: 09422/824123
Homepage: www.windberg.de
E-Mail: Kloster-Windberg@t-online.de

Anreise

Die Anreise per Bahn ist umständlich. Von Regensburg oder Passau kommend, muss man in Straubing nach Bogen umsteigen. In Bogen ist Abholung notwendig.
Umso einfacher geht es per Auto. Windberg liegt nur wenige Kilometer von der Autobahn Regensburg–Passau (A 3) entfernt. Ausfahrt Bogen, von dort Richtung Viechtach/St. Englmar, in Hunderdorf rechts ab.

Gottesdienste

Chorgebet in der Klosterkirche: 6.30 (Sa/So 7.00), 12.30, 18.30. Messfeier: Sa 19.00, So 9.00, 10.30 (Klostermesse), Mo u. Do 19.00, Mi u. Fr 7.00.

Besichtigung

Die Kirche ist mit einem Sichtgitter geschützt. Der Innenbereich ist vor und nach Gottesdiensten oder auf Anfrage zugänglich.

Angebote

Windberg betreibt ein „Geistliches Zentrum" mit Wochenendseminaren für Erwachsene sowie eine Jugendbildungsstätte (jeweils Programm anfordern). Abt Thomas Handgrätinger bietet auch Geistliche Begleitung über längere oder kürzere Zeit an bis hin zu Einzelexerzitien. Klosterkurse geben jungen Männern die Möglichkeit, das Klosterleben für sich zu erproben.

Unterkunft/Verpflegung

Der Fremdenverkehr in der Umgebung ist wenig entwickelt. Im 2 km entfernten Irensfelden liegt der Gasthof-Pension Hilmer, in Windberg selbst „Beim Schmiedewirt" M. Hüttinger. Ansonsten kann in Bogen Quartier gemacht werden.

Ausflugstipps

1 km entfernt ist die Wallfahrtskirche und Einsiedelei „Heilig Kreuz". Unweit von Bogen am Donauufer liegt die ehemalige Benediktinerabtei Oberalteich, gestiftet von den Grafen von Bogen und besiedelt von Niederalteich her. Die Kirche, ein imposanter Bau des frühen 17. Jahrhunderts, wurde im 18. Jahrhundert ausgestattet (Fresken mit derbem gegenreformatorischem Programm). Nach der Säkularisation wurde das Gebäude abschnittsweise verkauft, sodass der Klosterhof zu einer Art Dorfplatz wurde, der Konventhof beherbergt u. a. Garagen und eine Änderungsschneiderei.
Hoch über der Donau thront, etwas stromabwärts, die Wallfahrtskirche Bogenberg, eine spätgotische Hallenkirche des 15. Jahrhunderts. Das steinerne Gnadenbild ist nach frommer Überlieferung die Donau aufwärts geschwommen. Die Wallfahrt wird von den Windberger Patres mitbetreut. Lohnend ist ein Ausflug nach Straubing mit der alten Windberger Wallfahrtskirche Sossau.

Alt und Jung

Benediktinerabtei St. Michael Metten

In Metten begegnen wir nach Weltenburg einem weiteren bairischen Urkloster. Seine Gründung reicht ins 8. Jahrhundert zurück. Nicht nur die frühe Entstehungszeit hat Metten mit dem kaum 20 Kilometer entfernten Niederaltaich gemeinsam. Beide folgen der Benediktsregel, beide liegen am nördlichen Donauufer, beide haben sich um die Rodung des Bayerischen Waldes und die Erschließung des Ostens verdient gemacht. Was Ruhm und Reichtum anlangt, war Niederaltaich im Mittelalter der Rang nicht streitig zu machen. Doch Metten zog in moderner Zeit das weit günstigere Los. Zwar wurde die Abtei in der Säkularisation aufgehoben wie alle anderen auch, doch als Erste in Deutschland schon 1830 wieder errichtet. Auf Wunsch König Ludwigs I. eröffneten die Mettener Mönche eine Lateinschule, die sich zum Gymnasium und zur großen Aufgabe des Klosters entwickelte. Wer Metten in den Ferien besucht und ohne Fußball spielende und Händchen haltende Teenager erlebt, sieht nur die äußere Hülle aus Stein. Man kann getrost sagen: das Kloster lebt für seine Schule – und die Schule liebt ihr Kloster.

Metten begann als Eigenkloster einer bairischen Adelssippe. Die Familie des Edlen Gamelbert betrieb die Trockenlegung der Donauniederung, errichtete in dem gewonnenen Kulturland eine Michaelskirche und im Waldgebiet nördlich der Donau ein Kloster. Der Einsiedler Utto wurde erster Abt. Im Jahre 792, kurz nach der Absetzung Herzog Tassilos, stattete Karl der Große Metten mit königlichen Privilegien aus. Später machte die Legende aus Kaiser Karl den Stifter; er sei dem Einsiedler Utto bei der Jagd begegnet und habe ihm, von wunderbaren Vorgängen ergriffen, die Gründung des Klosters gewährt. 962 kam Metten an die Babenberger, die das Mönchskloster in ein Chorherrenstift verwandelten. Auf Wunsch des Herzogs Heinrich Jasomirgott wurden aber 1157 die Kanoniker wieder durch Benediktiner ersetzt.

Nach dem Aussterben der Babenberger gingen die Vogteirechte auf die Wittelsbacher über, die Metten zu einem landständischen Kloster ausbauten. Um 1400 blühte hier die Buchmalerei. Nach der Krisenzeit des 16. Jahrhunderts und dem Dreißigjährigen Krieg, in dem das Kloster geplündert und verwüstet wurde, gelang die durchgreifende Erneuerung der Anlage in barocken Formen. Nach der Aufhebung 1803 kehrte schon 1830 mit Unterstützung König Ludwigs I. mönchisches Leben in die Mauern der Abtei zurück – Metten war damals das einzige Benediktinerkloster in ganz Deutschland. In der Folgezeit besiedelten Mettener Mönche Weltenburg, Scheyern und St. Bonifaz in München, betrieben neben dem eigenen Gymnasium auch das Münchner Albertinum und Ludwigs-Gymnasium und führten, last but not least, den Benediktinerorden in den USA ein.

Die nur kurze Vakanz nach der Säkularisation hat dazu beigetragen, dass der Bauzustand des 18. Jahrhunderts ziemlich unversehrt erhalten ist. Mit Kirche, Bibliothek und Festsaal verfügt die Abtei über Baudenkmäler von Rang, die den Dreiklang

barocker Klosterkultur – Glaube, Wissenschaft, Kunst – in strahlender Harmonie erklingen lassen. Die Barockisierung ist ein Gemeinschaftswerk einheimischer Baumeister (Jakob Ruesch, Benedikt Schöttl und sein Sohn, Frater Albert) sowie bayerischer und österreichischer Künstler, die sich schon in einer Reihe anderer Klöster ausgezeichnet hatten (Cosmas Damian Asam, Wolfgang Andreas Heindl und andere).

Die plastisch durchgebildete Westfassade mit ihren rhythmisch gestuften Vorbauten und Verdachungen schenkt der Kirche ein unverwechselbares Gesicht. Der Ostchor zeigt außen noch die gotischen Formen des 15. Jahrhunderts. Innen wurde er durch den wandartigen Hochaltar von der übrigen Kirche abgetrennt und in zwei Geschosse geteilt. Unten richtete man die Sakristei ein, oben den Mönchschor. Das Langhaus wurde von einer dreischiffigen Halle in einen Wandpfeilersaal verwandelt, der kraftvolle Gliederung und einheitliche Raumwirkung gekonnt verbindet. Das Hochaltarbild mit dem siegreich kämpfenden Erzengel Michael ist das erste monumentale Ölgemälde aus der Hand Cosmas Damian Asams. Links und rechts davon Schnitzfiguren des legendären Klostergründers, Kaiser Karl, und des Ordensvaters Benedikt, ausgeführt von Franz Mozart, einem Großonkel des Komponisten.

Besondere Berühmtheit hat die Bibliothek erlangt. Sie überrascht zunächst durch die niedrige Raumhöhe, die sich dadurch erklärt, dass der Konventtrakt

Herkulische Gestalten tragen das Gewölbe der Mettener Bibliothek

mit der Bibliothek schon im frühen 17. Jahrhundert errichtet wurde. Aus dieser Raumschale schufen die Österreicher Franz Josef Ignaz Holzinger und Innozenz Warāthi sowie der Straubinger Schreiner Jakob Schöpf knapp 100 Jahre später ein Juwel barocker Dekoration. Das Freskenprogramm weist darauf hin, dass wahre Erkenntnis nicht durch wissenschaftliches Studium erlangt wird, sondern der Offenbarung göttlicher Gnade vorbehalten ist – ein kritischer Kommentar zum aufklärerischen Denken, das sich auch in den Klöstern auszubreiten begann.

Der Hochaltar mit Cosmas Damian Asams Ölgemälde des streitenden Erzengels Michael

Der Pavillonbau des Festsaales bildet den Mittelpunkt des dritten und größten Klosterhofes, der heute hauptsächlich vom Gymnasium belegt ist. Den lichterfüllten, oval geschwungenen Raum krönt ein Deckenfresko, das – für einen Festsaal ungewöhnlich – die Wiederkunft des Herrn am Ende der Zeit zum Thema hat. Das Gefühl drängt sich auf, dass die Aufhebung 1803 ein Kloster traf, das zwar finanziell verschuldet, aber im geistlichen Sinne kerngesund war.

Mettener Mönche

Besonders stolz ist Metten auf seinen ranghöchsten Mönch, Kurienkardinal Augustinus Mayer. Geboren 1911 in Altötting, besuchte er in Metten das Gymnasium und trat nach dem Abitur ins Kloster ein. Zum Theologiestudium ging er an die Ordenshochschule Sant' Anselmo in Rom – und blieb: erst als Professor für Dogmatik, dann als Rektor und Prior. 1966 wählen ihn die Mönche im heimatlichen Metten zum Abt, er kehrt zurück nach Deutschland. Doch nur für fünf Jahre. 1971 ruft ihn der Papst an die Kurie, weiht ihn zum Bischof. Augustinus Mayer wird vatikanischer „Doppel-minister", Präfekt der Kongregationen für den Gottesdienst und für die Sakramente. 1985 folgt die Erhebung zum Kardinal. Seinen 90. Geburtstag feierte Augustinus Mayer im Mai 2001. Zum Geburtstagsempfang beim deutschen Botschafter versammelte sich die stolze Zahl von neun deutschen Kardinälen. „Wie der Jubilar aus seinem Leben erzählte, dass alle wie gebannt seinen Worten lauschten, wird mir unvergesslich bleiben. Und nicht nur sein exzellentes Gedächtnis hat unser Mitbruder bewahrt. Wer sieht, wie beschwingt er die zwei Treppen zu seinem Zimmer hinaufsteigt, dürfte ihn für zwanzig Jahre jünger halten", schwärmt der heutige Abt von Metten, Wolfgang Hagl.

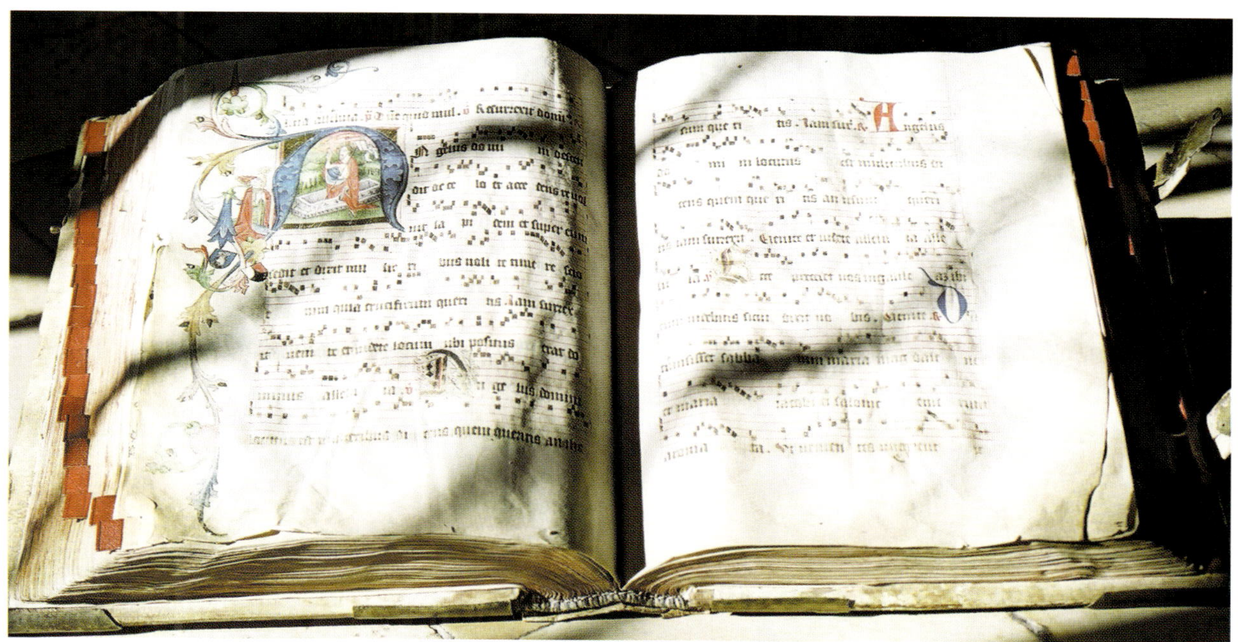

Zu den Schätzen der Klosterbibliothek zählt das Mettener Antiphonar von 1437

Der Prior von Metten, P. Adalbert Seipolt, ist der erfolgreichste Autor des Klosters. Geboren wurde er 1929 in Breslau. „Durch die Kriegsereignisse aus der Heimat vertrieben, lernte ich nacheinander den Volkssturm, die Landstraße und die Sachsen kennen, bis ich vom ‚Musspreußen' zum ‚Darfbayern' umsattelte und bei den Benediktinern in Metten meine neue Heimat fand", resümiert der Journalistensohn seinen Weg. Als Lehrer für Geschichte, Griechisch und Deutsch am Mettener Gymnasium oft genug mit der Unverdaulichkeit gut gemeinter Traktate konfrontiert, erzählt er in seinen Büchern auf vergnügliche Art Geschichten und Geschichte aus Kirche und Welt. Seine Titel (darunter: „Alle Wege führen nach Rom", „Der aufgeweckte Siebenschläfer", „Und es nickte der kopflose Bischof") wurden in Englisch, Französisch, Italienisch, Spanisch, Flämisch, Tschechisch und Japanisch übersetzt. Die Gesamtauflage beträgt über eine Million.

Freilich – nicht alle Mettener Mönche sind Professoren oder Schriftsteller. Einer von ihnen, Frater Heinrich, wurde an seinem 80. Geburtstag gefragt, warum er immer so heiter und gelassen sei. Er antwortete: „Ich habe in meinem Leben eigentlich nur drei Bücher gelesen. Die Heilige Schrift, unsere heilige Regel und ‚Das innerliche Leben' von Tissot. Aber ich habe gemerkt, dass ich das alles nicht verstehe, dass es für mich viel zu schwierig ist. Da hab' ich mir überlegt, wie ich für mich etwas Einfaches finden kann und hab' zwei Sätze gefunden: ‚Wo stehe ich jetzt vor meinem Herrgott?' und ‚Was muss ich jetzt tun, um ihm einen Schritt näher zu kommen?' Damit bin ich 80 Jahre alt geworden und freue mich jeden Tag auf den nächsten Schritt zu ihm hin."

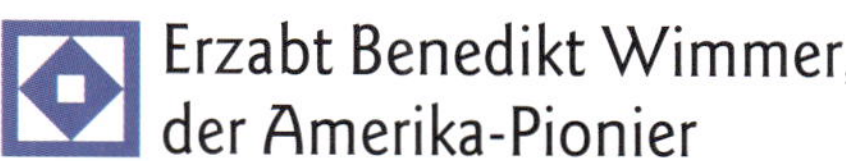

Erzabt Benedikt Wimmer, der Amerika-Pionier

P. Bonifaz Wimmer war ein Mann, der sich und andere begeistern konnte. 1832 tritt er als einer der ersten Mönche in das wiederbegründete Kloster

Metten ein. Doch die manchmal bürokratische Aufbauarbeit in Bayern kann seinen Tatendurst nicht stillen. Da entwickelt er den Plan, die benediktinische Lebensweise nach Amerika zu tragen. Sein Abt lehnt zunächst ab, aber es gelingt ihm, König Ludwig I. für das Projekt zu interessieren. So erhält er schließlich die Erlaubnis, in die USA zu gehen. 1846 tritt P. Bonifaz mit vier Theologiestudenten und 15 Laienbrüderkandidaten die Reise von München nach New York an. Während der Überfahrt beginnt er den Noviziatsunterricht und das gemeinsame Gebet, so weit es die allgemeine Seekrankheit zulässt. „Meine 19 Mann sind beisammen", schrieb er an den Mettener Abt. „Nach meiner Anordnung beten sie morgens, mittags und abends täglich einen hl. Rosenkranz, laut und kniend. Anfänglich hatte es Schwierigkeiten; die einen Mitreisenden lachten, andere pfiffen oder sangen (...) doch jetzt geht es ziemlich gut. Den vielen Juden muss ich dabei zur Ehre nachsagen, dass sie tolerant sind; aber etliche Württemberger und Franzosen brauchten die Drohung, dass man ihnen das Maul stopfen werde, wenn sie mit Fleiß die Betenden störten; die besseren, selbst Matrosen, nehmen sogar daran Anteil."
In Amerika angekommen, halten die meisten das Vorhaben für aussichtslos. Der Bischof von Pittsburgh bietet P. Bonifaz eine Pfarrei, St. Vincent, an, deren Ausdehnung etwa der Diözese Passau entspricht. Der Benediktiner greift kurz entschlossen zu. Die Einkleidung der ersten Brüder gestaltet sich schwierig: Da es an Habiten fehlt, wird die Zeremonie immer an sechsen vollzogen, die sich in der Sakristei wieder umziehen, damit die nächsten sechs eingekleidet werden können. Jahrelang kämpft P. Bonifaz um die Anerkennung seiner Niederlassung als Abtei. 1855 erreicht er sein Ziel. Sofort geht er daran, von St. Vincent aus planmäßig Priorate zu gründen. Die Notwendigkeit, Intrigen gegen sein Lebenswerk abzuwehren, führt ihn 1865 nach Rom. Der Mettener Abt rät ihm, seinen wallenden Bart zu opfern, bevor er den glattrasierten römischen Kardinälen gegenüber tritt. Doch nach einigem Zögern entscheidet sich Abt Bonifaz für seinen Bart – und wird belohnt. In einer Audienz bei Papst Pius IX. erhält er die Bestätigung als Abt auf Lebenszeit. Der Papst entlässt ihn mit den Worten: „Lang lebe Abt Wimmer und sein wundervoller Bart."
1887 stirbt Erzabt Bonifaz Wimmer, der Mann, der den alten Benediktinerorden in die Neue Welt verpflanzt hat; der Gründer der bis heute blühenden Amerikanisch-Cassinesischen Benediktinerkongregation – ein bayerischer Mönch aus Metten.

rechte Seite: Der Festsaal wurde von Matthias Obermayer und Martin Speer künstlerisch gestaltet

Die Kuppel der Kirchenfront krönt eine Statue des heiligen Michael, der Luzifer in die Tiefe stürzt

Abtei St. Michael Metten

Benediktiner (OSB), Bayerische Kongregation
Abteistr. 3, D-94526 Metten
Tel.: 09 91/9 10 80, Fax: 09 91/9 10 81 00
Homepage: www.kloster-metten.de
E-Mail: abt.wolfgang@t-online.de

Anreise

Von den Bahn-Fernstrecken steigt man um in Plattling, weiter nach Deggendorf. Von dort Bus nach Metten. An der Autobahn Passau–Regensburg (A 3) gibt es eine Ausfahrt Metten, die restlichen 2 km sind beschildert.

Gottesdienste

In der Benediktuskapelle täglich Messe um 5.55, Komplet um 19.45. So 17.45 Vesper in der Kirche (ansonsten ist das Chorgebet im Mönchschor).
Messfeier: Sa 19.00 (im Winter 17.00), So 6.30, 7.45, 9.00, 10.15.

Besichtigung

Führung durch Kirche, Bibliothek und Festsaal täglich um 10.00 und 15.00.

Angebote

Ganzjährig Zeiten der Stille (Ansprechpartner: Abt Wolfgang Hagl), Mitfeier der Kar- und Osterliturgie (ab Gründonnerstag). Die „Konzerte im Kloster Metten" finden in Stiftskirche, Festsaal, Klosterhof und Schloss Himmelberg (ehem. Sommerschlössl der Äbte) statt. Das St.-Michaels-Gymnasium ist ein Humanistisches und Neusprachliches Gymnasium, mit Internat. Die Verbindung mit den Ehemaligen hält die Halbjahresschrift „Alt und Jung Metten".
Im Klosterladen beim Café gibt es, als Privatabfüllung für das Kloster Metten, Grünen Veltliner aus Weingärten in Rossatz/Wachau, die bis zur Säkularisation in Besitz des Klosters waren (heute Weingut Günter Mayer); des weiteren ein „Benedikten-Kräuter-Elixier" (das ist ein mit Kräutern aromatisierter Wein). Gleich daneben liegt die Klostergärtnerei mit ihrem reichen Angebot.

Unterkunft/Verpflegung

Gasthof zum Kloster Metten sowie Café und Restaurant am Kloster, Tel./Fax: 09 91/99 59 1 52.

Ausflugstipps

Die an der Donau flussabwärts liegende Stadt Deggendorf ist einen Zwischenstopp wert (Heilig-Grab-Kirche: dreischiffige, gotische Basilika, eine der wenigen in Bayern. Die damit verbundene Wallfahrt beruhte auf einer angeblichen Hostienschändung.) Auf der anderen Flussseite, Richtung Plattling, liegt Rettenbach mit der zauberhaften Rokoko-Kirche Mariä Heimsuchung.

Benediktinerabtei St. Mauritius Niederaltaich

Was macht Niederaltaich so faszinierend? Jedenfalls nicht der äußerliche Reiz der Anlage. Das einstmals reiche und mächtige Kloster hat unter der Aufhebung 1803 und einem Brand 1813 schwer gelitten. Große Teile wurden abgebrochen und erst in jüngster Zeit teilweise ergänzt. Die Klosterkirche St. Mauritius allerdings beherrscht noch immer wie ein Dom die Umgebung. Ihre beiden Türme ragen ernst und mächtig über der Donauniederung und künden vom Ruhm der Abtei. Eine einzigartige Fülle großer Persönlichkeiten ist mit dem Namen Niederaltaich verbunden. Dazu zählen Abt Gotthard, der als Erster aus bairischem Stamm heilig gesprochen wird, sein Schüler, St. Gunther, der in Böhmen und Ungarn wirkt, oder Richer, der als Abt nach Montecassino geht und das Mutterkloster der Benediktiner einer neuen Glanzzeit entgegenführt. 13 Heilige und Selige, 3 Erzbischöfe und 8 Bischöfe sind aus Niederaltaich hervorgegangen, 51 Mönche wurden als Äbte in andere Klöster berufen. Auch heute gibt die Abtei mit ihrem Ökumenischen Institut, der Byzantinischen Dekanie und dem „Kloster auf Zeit" Impulse, deren Ausstrahlung weit über den Donauraum hinausreichen. Der große Strom mag anderswo breiter sein – tiefer ist er nirgends.

Im Jahre 731 (oder 741) gründete der Baiernherzog Odilo an der Donau ein Kloster, das er Altach nannte und unter den Schutz des burgundischen Soldatenheiligen Mauritius stellte. Der Agilolfinger rief Mönche von der Reichenau, um im Sumpfland der Isarmündung das Kloster zu errichten. Der Name Altach (das heißt Altwasser) weist darauf hin, dass der Ort zu jener Zeit wie eine Insel von einem Altarm der Donau umflossen wurde. In karolingischer Zeit drang die Abtei mit ihren Rodungen tief in die Wälder am Rande des böhmischen Beckens vor. Salz und Wein machten sie wohlhabend – Salz aus Reichenhall und Wein aus der Wachau. In der Zeit der Ungarnstürme litt Altach wie alle anderen Klöster große Not und wurde in ein weltliches Kanonikerstift verwandelt. Die Wiederherstellung als Benediktinerkloster und der Aufstieg zu europaweitem Ansehen verbindet sich mit dem Namen des heiligen Abtes Gotthard (996–1022), der später Bischof von Hildesheim wurde. Der mächtigste Alpenpass der Schweiz ist nach ihm benannt. Die Abtei spielte eine wichtige Rolle bei der Gründung bedeutender Klöster wie Kremsmünster oder Břevnov. Im 12. Jahrhundert bürgerte sich für Altach der Name Niederaltaich ein – zur besseren Unterscheidung des nahe gelegenen Tochterklosters Oberalteich. Ein besonderer Ruhm des Klosters ist die Geschichtsschreibung. Sie hat drei Höhepunkte zu verzeichnen: die „Größeren Altacher Jahrbücher" des 11. Jahrhunderts, die Annalen des Abtes Hermann im 13. Jahrhundert und die gelehrte Historiographie im 18. Jahrhundert. Abt Joscio Hamberger (1700–1739) setzte den prächtigen Neubau der Klosteranlage ins Werk.

Die Säkularisation schlug bleibende Wunden. Nach einem Brand 1813 wurden folgende Bauten abgerissen: Bibliothek, Kapitelsaal, Archiv, Speisesaal, Theatersaal, Wintersakristei, Registratur, Kranken- und Novizenstock, Gartenhaus und großer Festsaal, die Pfarrkirche und zwei Seitenkapellen der Kloster-

kirche. Mehrere Versuche, die Abtei wieder zu errichten, scheiterten. Erst 1918, unter schwierigsten politischen und wirtschaftlichen Bedingungen, vollzog sich die Neugründung und Besiedelung durch Mettener Mönche. Stürmische Aufbaujahre endeten 1934 mit einem Konkursverfahren. Die wirtschaftliche Gesundung und geistliche Festigung gelang unter Emmanuel Maria Heufelder, der zunächst als Prior und von 1949 bis 1968 als Abt die Geschicke des Klosters lenkte.

Das Kloster betritt man heute, von der Autobahn kommend, quasi durch die Hintertür. Im Klosterhof liegt rechts die 1986 geweihte byzantinische Nikolauskirche, links die Klosterpforte und das jüngst ausgebaute Gäste- und Bildungshaus. Wenn man den Hof durchquert und den Klosterbereich durch den Westtrakt wieder verlässt, gelangt man zur Mauritiuskirche, die mit ihrer kraftvollen Doppelturmfassade zur Donau hin grüßt und die Besucher, wie schon seit Jahrhunderten, von dort erwartet. Die Kirche ist, von außen noch gut erkennbar, der Substanz nach eine mächtige gotische Halle aus dem letzten Drittel des 13. Jahrhunderts. Sie zählt zu den ältesten Zeugnissen der Gotik im bayerisch-österreichischen Raum. Das Innere verwandelte der Passauer Baumeister Jakob Pawagner um 1720 in eine prachtvolle barocke Raumgestalt. In die Seitenschiffe zog er eine Zwischendecke mit originellen

Der stolze Bau der Mauritiuskirche lässt ahnen, welche Bedeutung die Abtei im Mittelalter hatte

Das ehemalige Sudhaus der Klosterbrauerei, ein schön gewölbter barocker Raum, wurde 1986 zur Kirche der byzantinischen Dekanie

Gewölbeöffnungen ein. Neun Arkadenjoche leiten als Triumphstraße zum elegant hervorgehobenen Altarraum. Die Ausstattung der Kirche mit Fresken besorgte Wolfgang Andreas Heindl aus Wels, der zuvor mit Pawagner auch schon in St. Nikola in Passau zusammen gearbeitet hatte. Heindl empfahl sich mit seiner Niederaltaicher Arbeit ebenso wie der Stuckator Franz Ignaz Holzinger und der Schreinermeister Jakob Schöpf für Folgeaufträge in Metten. Pawagner hingegen unterlief beim Umbau des Chores ein statischer Fehler, er wurde entlassen und der junge Johann Michael Fischer führte den Bau zu Ende. Fischer krönte die Türme mit Apfelkuppeln, die 1813 dem Kirchenbrand zum Opfer fielen und durch die heutigen Spitzhelme ersetzt wurden. Von den vormals zahlreichen Nebenräumen blieb die Sakristei unversehrt, sie zählt zu den schönsten ihrer Art in Süddeutschland.

 Byzanz in Niederbayern

November 1917. Die Russische Revolution und die anschließende brutale Verfolgung der Kirche erschüttern die katholische Welt. Papst Pius XI. will der orthodoxen Kirche beistehen. Zugleich hofft er, dass ein baldiger Zusammenbruch des Kommunismus die Stunde der Wiedervereinigung zwischen Rom und Moskau einläuten wird. Im Jahre 1924 wendet sich der Papst an die Benediktiner mit dem Aufruf, sich der östlichen liturgischen Tradition anzunehmen, „zu inständigem Gebet um die Einheit sowie tätiger Schritte“ zu ihrer Verwirklichung. Dem Papst schwebt die Gründung einer byzantinischen Benediktiner-Kongregation vor, die sich auf die Ökumene-Arbeit mit Russland spezialisieren soll. Nur sehr wenige Mönche zeigen sich vom kühnen Plan des Papstes angetan. Zu ihnen gehört Emmanuel Heufelder, damals Subprior in der oberbayerischen Abtei Schäftlarn. 1934 wird er nach Niederaltaich gerufen, um das Kloster, das mit wirtschaftlichen Schwierigkeiten ringt, zu leiten. Nun sieht er seine Stunde gekommen. Das Haus brauche nicht nur materielle Konsolidierung, sondern vor allem eine Aufgabe, an der es sich geistlich aufrichten könne: „Und so gab ich ihm die Aufgabe des Papstes." Der Ausbruch des Zweiten Weltkriegs macht die hoffnungsvollen Anfänge zunichte. Doch nach Kriegsende fügt es das Schicksal, dass zwei Russen ins Kloster Niederaltaich eintreten. Bald kommen auch deutschsprachige Kandidaten, sodass man eine eigene Gruppe („Dekanie") bilden kann, die nach dem östlichen (byzantinischen) Ritus betet und Gottesdienst feiert. Seit über 40 Jahren wird in Niederaltaich parallel sowohl das römische als auch das byzantinische Stundengebet gesungen. Um den Teilnehmern den gläubigen Mitvollzug zu ermöglichen, entschließt man sich, Liturgie und Stundengebet ins Deutsche zu übersetzen. Bei dieser gewaltigen Arbeit erwirbt sich vor allem Archimandrit Irenäus Totzke große Verdienste. Der gebürtige Danziger, ein genauer Kenner der orthodoxen Kirchenmusik und selbst Komponist in der Tradition der Moskauer Schule, machte Niederaltaich zum Zentrum der deutschen ostkirchlichen Musik.

Schock der Stille

Es gibt zwei Möglichkeiten, als Gast in Niederaltaich zu wohnen. Die eine Möglichkeit ist das „Kloster auf Zeit". Diese Idee wurde 1962 in Niederaltaich entwickelt, heute wird sie in ganz Europa praktiziert. Das Angebot richtet sich an Männer, die in der Stille, im Gebet, im Gespräch und in geistlicher Unterweisung eine Neuorientierung suchen. Während des Klosteraufenthalts tragen sie schwarze Habite als Zeichen, dass sie sich aus ihrer Umgebung verabschiedet haben: Äußerliches wie Kleidung, Haltung, Schweigen und Gesang hilft, Inneres zu ordnen und zu klären.Der Kurs für Erstteilnehmer dauert vierzehn Tage. Wer daran teilgenommen hat, dem steht mehrmals im Jahr eine „Woche der Wiederkehr" offen. Die zweite Möglichkeit ist, als Einzelgast oder Gruppe – Männer, Frauen, Familien – über das Ökumenische Institut Quartier zu machen. Ob man an Bildungsangeboten des Klosters teilnimmt, selber ein Programm gestaltet oder nur einfach ein paar Tage die Gottesdienste mitfeiert und Atem holt – das hängt dann von der eigenen Vereinbarung ab.

„Wie mit einer Wünschelrute"

Altabt Emmanuel Jungclaussen ist ein bekannter und geschätzter geistlicher Lehrer, Berater und Begleiter. In seinen Schriften hat er vergessene Schätze der christlichen Tradition ans Tageslicht gehoben und für eine „Ökumene der Mystik" fruchtbar gemacht.

Wie kam es zur Neuentdeckung des Jesusgebets?

Altabt Emmanuel: „Dazu gab es zwei Anstöße. Zum einen unsere ökumenische Ausrichtung, die zur Gründung der byzantinischen Dekanie führte. Das Kloster öffnete sich der Spiritualität der Ostkirche. Zum anderen das ,Kloster auf Zeit'. In dessen Kursen wurde von Anfang an das Thema Meditation aufgeworfen; und zwar von der Frage ausgehend: Wie können wir gesammelt, von der inneren Mitte her, leben und vermeiden, uns an periphere Dinge zu verlieren? Wie können wir von dieser inneren Mitte her unser Dasein gestalten und so zu einem vertieften Leben kommen? Und da lag es nahe, das Jesusgebet der Ostkirche, das sogenannte Herzensgebet, in diese Kurse einzubeziehen. Denn das Herzensgebet bietet eine Übung, mit der es, bei entsprechender Hilfestellung, verhältnismäßig leicht gelingen kann, zur inneren Ruhe und Sammlung zu kommen."

Jakob Pawagner schuf durch Einbau der Zwischendecke in den Seitenschiffen eine begehbare Oberkirche

Können Sie das etwas näher erklären?

Altabt Emmanuel: „Das Jesusgebet finden Sie am besten beschrieben in einem äußerst spannenden Buch mit dem Titel ,Aufrichtige Erzählungen eines russischen Pilgers'. Es stammt aus der Mitte des 19. Jahrhunderts. Ein einfacher Pilger beschreibt darin die – jahrhundertealte – Übung, durch die beständige Wiederholung des Satzes ,Herr Jesus Christus, erbarme dich meiner' zu einem lebendigen Kontakt mit Gott zu kommen. Er beschreibt auch die mystische Erfahrung einer All-Einheit mit Gott durch die Schöpfung hindurch. Das sind für die Kursteilnehmer natürlich ferne Ziele. Man muss mit solchen Übungen sehr behutsam anfangen, denn die eigene Tiefe will langsam erschlossen sein. Wenn man da nicht Acht gibt, kann aus dem Weg in die eigenen Tiefen ein Weg in die eigenen Untiefen werden."

Können auch Anders- und Nichtgläubige das „Kloster auf Zeit" besuchen?

Altabt Emmanuel: „Selbstverständlich. Die Kurse sind für jedermann offen, ob katholisch oder evangelisch oder aus der Kirche ausgetreten. Es kann jeder teilnehmen, der bereit ist, sich während dieser Zeit der Ordnung des Klosters zu unterwerfen."

Kann hier nicht die fernöstliche Meditation ein Weg und eine Alternative sein?

Altabt Emmanuel: „Gerade da ich selbst einige Erfahrung im Za-Zen habe, fällt es mir schwer, dafür generelle Richtlinien aufzustellen. Das ist eine Entscheidung, die der Einzelne fällen muss. Zen kann sicherlich eine Hilfe sein, gerade für Menschen, die weniger im Glauben gebunden sind. Wer Zen üben will, braucht aber eigentlich einen Lehrer oder Meister. Deshalb hängt viel davon ab, wie der Meis-

Die Sakristei, von Johann Michael Fischer erbaut, ist mit prachtvollen Schränken des Bruders Pirmin Tobiaschu ausgestattet

ter eingestellt ist, ob er sich unter Umständen vielleicht selbst als Christ versteht. Es ist auch durchaus möglich, Zwischenwege zu gehen, das heißt die fernöstliche Erfahrung mit hinein zu nehmen und so zu einer vertieften Übung des Jesusgebets zu kommen. Das war bei mir selbst der Fall."

Wie ist es eigentlich mit unseren eigenen, westlichen Traditionen? Gibt es da gar keine Anknüpfungspunkte?

Altabt Emmanuel: „Im Gegenteil. Wir haben im Abendland eine reiche Überlieferung, auch in der Praxis der Meditation. Wir haben im benediktinischen Mönchtum, was in der Vita des heiligen Benedikt als das ‚Wohnen in sich selbst' bezeichnet wird. Ganz harte und strenge Übungen, sich nicht nur äußerlich in eine Höhle zurückzuziehen, sondern auch in die Höhle des Herzens, um dort in der inneren Sammlung den Aufstieg zu Gott zu üben. Wir kennen beispielsweise bei Franz von Assisi den Rückzug in die Einsamkeit und auch das stunden- und nächtelange Wiederholen bestimmter Formeln: ‚Mein Gott und mein Alles' oder einfach nur den Namen ‚Jesus'. Das war für mich die große Entdeckung – mit Hilfe der Erfahrung in der Zen-Meditation wie mit einer Wünschelrute über die christliche Tradition zu gehen. Aufgrund der Begegnung mit einer außerchristlichen Meditationsform gingen mir die Augen auf für die Möglichkeiten der eigenen, christlichen Überlieferung, sei sie abendländisch oder morgenländisch."

P. Gerhard Voss vor dem Horoskopstein von 1514

„Die Sterne standen gut"

P. Dr. Gerhard Voss ist Rektor des Ökumenischen Instituts der Abtei Niederaltaich. Neben seinen Veröffentlichungen zu exegetischen, liturgischen und ökumenischen Fragen hat er sich auch mit christlicher Astrologie und Astralmystik befasst.

Was ist das Besondere am Grundstein der Niederaltaicher Kirchtürme?

P. Gerhard: „Der Grundstein unserer Kirchtürme ist ein einzigartiges Dokument christlich verstandener Astrologie und des ihr zugrunde liegenden Weltbildes. Auf dem Stein ist ein Horoskop dargestellt, das angibt, wie zur Zeit der Grundsteinlegung des Turmes am 24. Juli 1514 ‚stuenden des Hymels Figurn', das heißt welche kosmischen Bedingtheiten für den Weg der klösterlichen Gemeinschaft von Niederaltaich sich da ablesen lassen. Zieht man für die Auslegung eine zeitgenössische Erklärung zu Rate, dann wird man sagen dürfen, dass an dem für die Grundsteinlegung gewählten Tag die ‚Sterne' für ein Benediktinerkloster gut standen."

Kann Astrologie christlich verstanden werden?

P. Gerhard: „Immerhin hat damals der auf dem Grundstein genannte Papst Leo X. in Rom einen Lehrstuhl für Astrologie eingerichtet. Und das Matthäusevangelium berichtet uns, dass orientalische Astrologen durch ihre Deutung einer bestimmten Position eines Sternes dazu geführt wurden, dem neugeborenen Messias Jesus zu huldigen. Entscheidend ist, wie man Astrologie versteht und praktiziert. Richtet man sich so nach den ‚Sternen', dass diese gleichsam zu bestimmenden Göttern unseres Lebens werden, dann verstößt Astrologie gegen das erste Gebot, das uns einschärft, einzig auf den einen Gott zu setzen, komme, was da mag. Genau das sagt das Horoskop auf unserem Grundstein."

Können Sie das genauer erklären?

P. Gerhard: „Die Darstellung des Kosmos im Inneren des Horoskops zeigt sieben harmonisch einander zugeordnete Inseln. Sie stehen in Entsprechung zur Siebenzahl der damals bekannten Planeten. In der platonisch verstandenen Astrologie, mit der wir es hier zu tun haben, geht es ja nicht wie im aristotelischen Denken um ‚Wirkungen' der Planeten auf den Menschen. Vielmehr ist die Konstellation der Planeten ein Bild, dem abzulesen ist, was für den ganzen Kosmos und darin für den Mikrokosmos Mensch gilt. Auf dem Grundstein ist dieser Kosmos widrigen Kräften in der Gestalt heftig blasender Winde ausgesetzt. Um sie herum ist ein Quadrat gezeichnet, das heißt den kosmischen Kräften sind feste Grenzen gesetzt. Im mittelalterlichen Weltbild hat alles gemäß der Ordnung Gottes seinen Platz, aber auch seine Grenzen. Die kosmischen Kräfte bestimmen zwar unser Leben und wirken auch in uns, in unseren Leidenschaften, doch nur in einem begrenzten Maße. Vor ihnen brauchen wir darum keine Angst zu haben. ‚Der gläubige Mensch steht über den Sternen', sagt Thomas von Aquin. Die eigentlichen Gefahren liegen auf einer anderen Ebene, und die ist astrologisch nicht mehr greifbar. Hier aber wissen wir als Glaubende uns in Gott geborgen."

Altabt Emmanuel Jungclaussen mit seinem Nachfolger, Abt Marianus Bieber

Abtei St. Mauritius Niederaltaich
Benediktiner (OSB), Bayerische Kongregation
Mauritiushof 1, D-94557 Niederalteich
Tel.: 09901/2080, Fax: 09901/208141 (Klosterpforte)
E-Mail: abtei-niederaltaich@t-online.de

Anreise
Fernbahnhof ist Plattling, von dort Anschluss nach Deggendorf. Vom Bahnhof Deggendorf ist Niederaltaich mit dem Bus zu erreichen.
Die Autobahn Regensburg–Passau (A3) verlässt man an der Ausfahrt Hengersberg-Niederaltaich. Von dort 3 km den Schildern folgen.

Gottesdienste
Römischer Ritus: 5.30 (So 8.00), 12.15, 17.40 (So. 17.30), 19.30.
In der Klosterkirche: Sa 19.00, So 7.00, 9.00 Pfarrgottesdienste, So 10.30 Choralamt.
Byzantinischer Ritus: 6.30 oder 7.00 (Hore oder Messe), 12.15, 17.15, 19.30.
Göttliche Liturgie in der St.-Nikolaus-Kirche: So 9.30.

Angebote
Gastaufenthalte, Mitfeier der großen Festzeiten, Bildungsveranstaltungen, Kloster auf Zeit. Anfragen und Anmeldungen über das Ökumenische Institut der Abtei, Tel.: 09901/208208, Fax:09901/208209, E-Mail: oekumen.institut-niederaltaich @t-online.de oder das Bildungshaus der Abtei, Tel.: 09901/2086.
Das St.-Gotthard-Gymnasium ist ein musisches und neusprachliches Gymnasium mit integrierter Ganztagsschule (obligatorisch für Klasse 5–8). Homepage: www.st-gotthard-gymnasium.de
Das Kloster gibt zwei Zeitschriften heraus: die Zeitschrift für ökumenische Begegnung „Una Sancta" und die Hauszeitschrift „Die beiden Türme". Der gut sortierte Klosterladen führt neben religiöser Literatur, Kunst und Musik und einem reichen Kartenangebot auch Liköre aus der Klosterkellerei.
Nicht zur Abtei selbst gehört die angrenzende Landvolkshochschule St. Gunther, die 1971 zu einem Bildungszentrum der Diözesen Passau und Regensburg ausgebaut wurde. Ein weiterer Nachbar ist das Ursulinenkloster (interessanter Bau von 1979), das Besinnungstage für Frauen und Zimmer für Einzelgäste anbietet
Tel.: 099 01/7116

Unterkunft/Verpflegung
Übernachtung und Verpflegung für Gruppen und Einzelgäste im Haus. Der Gastmeister ist erreichbar unter Tel. 09901/2086, Fax: 09901/208250.

Ausflugstipps
Niederalteich ist in die Radwanderwege an Donau und Isar eingebunden, vor allem seit die Radler-Fähre „Altaha" (täglich 10.00–18.00) wieder über die Donau nach Thundorf pendelt.
Südlich der Donau liegt das ehemalige Prämonstratenserstift Osterhofen mit der von Johann Michael Fischer im Anschluss an Niederaltaich 1727 erbauten Kirche St. Margaretha (Innenausstattung durch die Gebrüder Asam).
Sollte es die Zeit erlauben, empfiehlt sich ein Ausflug nach Rinchnach in den Bayerischen Wald. Aus St. Gunthers Klause entwickelte sich eine Benediktinerpropstei, die als Außenstelle Niederaltaichs den „Nordwald" erschließen half. Die ehemalige Propsteikirche wurde von Fischer ebenfalls 1727 entworfen.

In der ganzen Welt zuhause

Benediktinerabtei Schweiklberg

In Bayern gibt es zwei Landschaften, deren kulturelles Gesicht ganz vom geistlichen Stand geprägt erscheint. Die eine ist jenes Stück Voralpenland, das man den „Pfaffenwinkel“ nennt; die andere das Donauland zwischen Straubing und Passau. In direkter Folge reiht sich hier ein Donaukloster an das andere. Kaum vorstellbar, dass vor rund 100 Jahren der ganze niederbayerische Klosterwinkel nahezu verödet war. In Windberg, Niederaltaich, Aldersbach, Fürstenzell und St. Nikola war das Chorgebet verstummt, nur Metten blühte. Damals machten sich die Missionsbenediktiner von St. Ottilien auf die Suche nach einem geeigneten Platz, um im Bistum Passau Nachwuchs zu werben und auszubilden. Doch anstelle eines der vielen geschichtsträchtigen Stifte wieder zu besiedeln, bauten sie ihr Haus aus wilder Wurzel und nach den eigenen Bedürfnissen neu. So entstand 1904 das Kloster Schweiklberg bei Vilshofen. Ist jene Zeit kirchlicher Aufbruchsstimmung und missionarischen Sendungsbewusstseins wirklich erst 100 Jahre her? Vielen von uns scheint schon die Erinnerung daran fast peinlich. Doch in Afrika und Asien geht heute die Saat auf, die die Missionare damals – auch von Schweiklberg aus – legten.

Der Anstoß zu einer Klostergründung auf dem Schweiklberg ging von der Abtei St. Ottilien in Oberbayern aus. Der aus Niederbayern stammende Prior und Cellerar (Wirtschaftsverwalter) von St. Ottilien, P. Coelestin Maier, wurde als Pionier nach Ostbayern entsandt. Zunächst dachte er an die Wiederbesiedlung eines aufgehobenen Klosters, vor allem Aldersbach war im Gespräch. Doch die Grundstücksverhandlungen scheiterten an den maßlosen Forderungen eines Bauern. Da entdeckten die Brüder das schön gelegene Schweiklgut oberhalb von Vilshofen, einen ehemals aldersbachischen Besitz. Sie erwarben 1904 den Grund und begannen sofort mit dem Bau des Klosters. 1914 wurde Coelestin Maier zum ersten Abt von Schweiklberg geweiht. Der Konvent nahm einen verheißungsvollen Aufschwung und zählte über 150 Mitglieder, als der Zweite Weltkrieg die Entwicklung jäh unterbrach. 1941 wurde das Kloster von der Gestapo beschlagnahmt und aufgehoben. Mit dem Kriegsende kehrten die Benediktiner zurück, um – dem Schweiklberger Wahlspruch folgend – in aller Welt „den Völkern das Evangelium zu verkünden“.

Die ausgedehnte Klosteranlage ist ein Werk von Michael Kurz, einem Schüler Georg von Hauberrissers. Er löste die ungewöhnliche Bauaufgabe auf eher konventionelle Weise. Hervorzuheben sind die beiden kraftvoll-eleganten Kirch-

Die Klosterkirche hoch über der Vils birgt im Chorraum Holzreliefs des afrikanischen Künstlers Benson Ndaka

türme, deren Fernwirkung zur Stadt hin allerdings durch die Lage der – nicht geosteten – Kirche geschmälert wird. 1911 wurde die Kirche der Allerheiligsten Dreifaltigkeit geweiht. Der Wunsch des Gründerabtes, sein Kloster „Maria Hilf" nennen zu dürfen, blieb unerfüllt, da in Passau und Vilshofen ältere Rechte auf diesen Titel bestanden. Der weite, helle Kirchenraum sollte ursprünglich ganz ausgemalt werden, blieb aber weitgehend schmucklos. So zieht das monumentale Wandbild der Apsis alle Blicke auf sich: Christus Pantokrator, geschaffen 1938 von Albert Burkart. 1998 wurde das Kircheninnere mit glücklicher Hand renoviert.

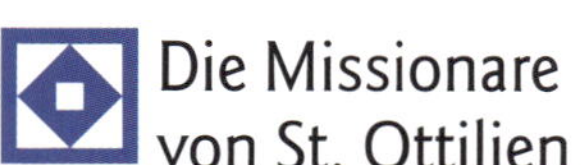

Die Missionare von St. Ottilien

Im Sommer 1870 tritt der Schweizer Josef Amrhein in die Benediktinerabtei Beuron ein und erhält den Ordensnamen Andreas. Amrhein, ein begabter Kopf und ein mitreißender, wenn auch manchmal sprunghafter Charakter, will zugleich Benediktiner sein und Missionar. Im kontemplativen Beuron ist das nicht möglich. 1884 erwirkt er die Erlaubnis von Rom, ein eigenes Missionswerk in Bayern zu gründen. Nach dem Vorbild des heiligen Bonifatius und seiner Benediktiner will er das Evangelium verkünden, also von Abteien im Missionsland aus, die mit der Heimat in enger Verbindung stehen. Eine wichtige Rolle misst er dabei Laienbrüdern zu, die praktische Entwicklungsarbeit leisten sollen.

Amrheins erster Versuch, sein Missionshaus in Reichenbach, Bistum Regensburg, aufzubauen, misslingt – nicht zuletzt aufgrund der misstrauischen Einstellung des Regensburger Bischofs. 1886 verlegt die St.-Benediktus-Missionsgenossenschaft ihren Sitz nach Emming-St. Ottilien, westlich von München im Bistum Augsburg gelegen. Hier blüht das Missionswerk rasch auf. Dass sein Konzept die systematische Neugründung von Benediktinerklöstern vorsieht, muss er allerdings zunächst verheimlichen. In der kulturkämpferischen Atmosphäre jener Jahre hätte es die staatliche Billigung gekostet. Die ersten Missionare, die von St. Ottilien nach Afrika gehen, zahlen einen hohen Preis. Tropenkrankheiten halten fürchterliche Ernte unter den – zumeist kaum zwanzigjährigen – Brüdern und Schwestern. Die Station in Ostafrika wird von Rebellen überfallen und drei Mitarbeiter ermordet. Doch der Zustrom tüchtiger junger Leute hält unvermindert an, ihr Idealismus und Opfermut überwinden letztlich alle Rückschläge. 1902 wird das Kloster St. Ottilien zur Abtei erhoben. Heute ist es Erzabtei, das heißt Mutterkloster einer eigenen Benediktinerkongregation, zu der auch Schweiklberg gehört.

„Eine Autofabrik verkauft keine Möbel"

P. Stephan Raster wirkte 31 Jahre lang in Südkorea. Dann rief man ihn nach Schweiklberg zurück und übertrug ihm die Aufgabe eines Missionsprokurators.

Ist christliche Mission heute noch aktuell?

P. Stephan: „Viele sagen heute, Mission sei passé. Ich bin nicht dieser Meinung. Schauen Sie, eine Autofabrik produziert Autos. Das Produkt Auto steht im Mittelpunkt; es bestimmt sowohl die Werbung als auch das Arbeitsklima und das ganze Leben. Das Auto hat Sitze, aber deshalb verkauft die Autofabrik doch keine Möbel. Auf die Kirche übertragen heißt das: Wir sollen zu den Menschen gehen, die Frohbotschaft Christi in alle Bereiche des Lebens tragen, wo auch immer. Die Kirche darf nicht zum Rückzug blasen und auf Tauchstation gehen. Wir können nicht in der Kirche beten und singen, außerhalb der Kirche aber schweigen und schlafen."

Wie lässt sich das benediktinische Leben mit den Anforderungen der Mission vereinbaren?

P. Stephan: „Ich denke, gut! *Ora et labora*, das benediktinische Motto ‚Bete und arbeite', passt sehr gut zu einem Missionar. Das Evangelium zu verkünden, Religionsunterricht, Sakramentenspendung – das ist nicht alles. Auch die soziale Komponente gehört dazu: Krankenhäuser, Schulen, die Sorge für die Alten und die Armen. Beides gehört zusammen."

Wie ist es, wenn man dann wieder zurückkommt? Muss man sich wieder ans Klosterleben gewöhnen?

P. Stephan: „Ja, sicher! Ich weiß nicht, ob ich mich jemals hier wieder ganz einleben kann. Da war ich viel zu lange weg. Ich habe in Korea mehr Freunde und Bekannte als hier. Mein ganzes Denken hat sich an die Mentalität der Leute dort gewöhnt – hier muss ich ständig umdenken. In einem gewissen Sinn wird man in der eigenen Heimat ein Fremder."

Abtei Schweiklberg
Missionsbenediktiner der Kongregation von St. Ottilien (OSB)
Schweiklberg 1, D-94474 Vilshofen
Tel.: 08541/2090, Fax 08541/209219
Homepage: www.schweiklberg.de

Anreise
Der Bahnhof Vilshofen liegt an der Bahnstrecke Passau–München bzw. Passau–Regensburg. Per Autobahn Deggendorf–Passau (A 3) kommend, nimmt man die Ausfahrt Garham/Vilshofen; alternativ die B 8. Schweiklberg liegt rund 1 km vom Stadtkern Vilshofen entfernt.

Gottesdienste
Chorgebet: 5.00 (So 6.00), 12.15 (So 11.40), 17.30, 19.30.
Messfeiern: wochentags 6.15 (Konventamt), 7.15. So 6.30, 7.30, 9.00 (Konventamt).

Angebote
Schweiklberg führt eine Realschule für Jungen.
Im Klosterladen gibt es neben einem breiten Buchsortiment auch den „Schweiklberger Geist". Das bewährte Hausmittel („Schrecken der Ärzte") wird seit 1922 in der Abtei hergestellt. Vom Laden aus gelangt man zum Afrikamuseum. Die hinreißende Sammlung von Prunkwaffen, Kult- und Gebrauchsgegenständen wurde von Gotthard Schwarz aus Passau, dem Bruder eines Schweiklberger Paters, zusammengetragen.

Unterkunft/Verpflegung
Das Bildungshaus St. Beda der Abtei bietet 80 Betten, Vollpension und Tagungsräume. Außer bei einigen offenen Angeboten (Exerzitien für Frauen, Mitfeier der Kar- und Ostertage, Familienwochenenden) wird das Haus in der Regel von Gruppen belegt.

Ausflugstipps
Wenige Kilometer die Vils aufwärts erreicht man das ehemalige Zisterzienserkloster Aldersbach, dessen Kirche die Gebrüder Asam in ein Meisterwerk barocker Dekoration verwandelt haben. Etwas weiter weg, Richtung Schärding, liegt das von Aldersbach gegründete Kloster Fürstenzell. Die Kirche, ein reifes Werk Johann Michael Fischers, glänzt mit einer rauschhaften Rokokoausstattung. Auf dem Weg nach Fürstenzell, bei Ortenburg, liegt die einst zu Aldersbach gehörende Wallfahrtskirche Sammarei. In Ortenburg selbst lohnen Schloss und Kirche der Grafen von Ortenburg, die sich seit 1563 als evangelische Enklave in Bayern behaupten konnten.

Durch die Stürme der Zeit

Kloster St. Nikola Passau

Die alten Bischofssitze wurden am Wasser gegründet: Augsburg, Salzburg, Regensburg, Freising, Eichstätt und Passau. Bei Passau fließen alle Wasser zusammen. Die Lage der Stadt an Donau, Inn und Ilz ist einzigartig. An manchen Stellen sieht es so aus, als schwimme die Stadt mitten im Fluss. Was die meiste Zeit ein Segen ist, wird bei Hochwasser zum Fluch, wenn die steigenden Fluten die trutzig gebauten Häuser der Altstadt bedrohen. Direkt am Inn liegt seit über 900 Jahren das Kloster St. Nikola. Der gotische Turm der Kirche und die ehrwürdige romanische Krypta signalisieren einen Ort besonderer historischer Stabilität. Doch weit gefehlt. Das beginnt bei der Topografie, die vermuten lässt, dass man das Kloster wegen der Überschwemmungen von der Süd- an die Nordseite der Kirche verlegt hat. Die Geschichte von St. Nikola zeigt, wie sehr auch die Klöster den Stürmen der Zeit ausgesetzt sind. Was die eine mächtige Strömung einst entstehen ließ, reißt die andere mit sich weg. Für Klöster gilt das Gleiche wie für jede menschliche Behausung, jede zivilisatorische Errungenschaft. Um zu bleiben, genügt es nicht zu beharren. Das Geheimnis der Dauer heißt: neu anfangen.

Um 1070 gründete Bischof Altmann von Passau am Rande der Stadt ein Kloster, das er mit Chorherren besetzte. Der von der gregorianischen Reformbewegung leidenschaftlich ergriffene Bischof wollte ein Muster und Vorbild für die Erneuerung des Diözesanklerus schaffen. Die Kirche wurde unter anderem dem heiligen Nikolaus geweiht; der Schutzheilige der Schiffer hat sehr bald die weiteren Patrozinien verdrängt. Die heute wieder zugängliche Krypta stammt aus dem Gründungsbau des 11. Jahrhunderts. Im Investiturstreit verfocht Altmann kompromisslos die Sache des Papstes und wurde vom Kaiser aus Passau vertrieben. Im 13. Jahrhundert gelang es den bayerischen Herzögen, das vor den Mauern der Stadt liegende Kloster ihrer Landeshoheit zu unterwerfen.

Im 16. Jahrhundert gewann das Luthertum im Konvent an Boden, Propst und Dekan traten zur neuen Lehre über. Die Konsolidierung danach dauerte lange. Der barocke Umbau ab 1680 markiert ihren Abschluss. Der Architekt, Carlo Antonio Carlone, starb 1708 im Stift. Jakob Pawagner besorgte daraufhin die Barockisierung der Kirche, Wolfgang Andreas Heindl gab mit den Fresken eine gelungene Probe seines Talentes. Die Altarbauten – heute in Vilshofen – fertigte Joseph Matthias Götz, der als Klosterbildhauer im Stift blieb und in Bayern wie Österreich einen glänzenden Ruf genoss. Zu Beginn des 19. Jahrhunderts stand St. Nikola in voller Blüte, als der allgemeine Aufhebungsbefehl für die bayerischen Klöster erging. Die Konfiskation wurde mit geradezu grotesker Pedanterie betrieben. Selbst Hosenschnallen, Augengläser, Eierlöffel nahm man den Kanonikern fort. Die Kirche wurde 1804 profaniert, das Inventar ausgeräumt. Die Klosterbauten nutzte man als Kaserne, die Kirche als Magazin und Lagerhaus. Die nordwärts gelegenen Prälatengärten wandelten sich zum „Kleinen Exerzierplatz“. Der

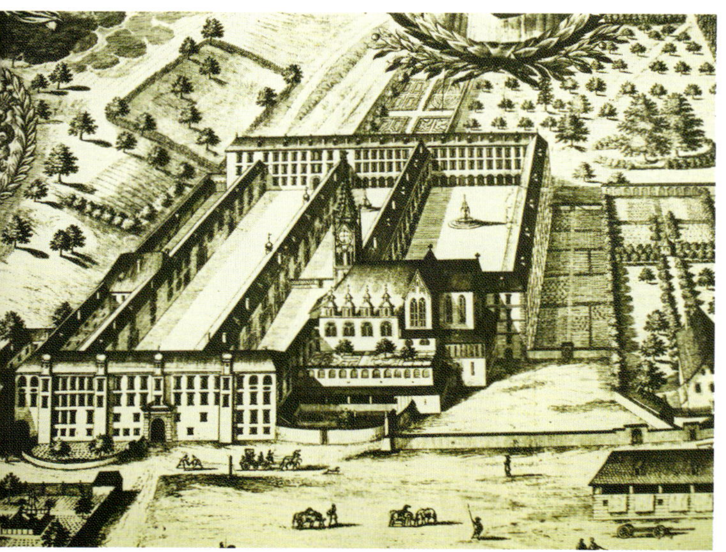

Da die Stiftskirche leicht schräg zu den Gebäudeachsen steht, nimmt man an, dass auch in St. Nikola das Kloster zuerst, wie üblich, im Süden der Kirche lag und später zum Schutz vor Hochwasser auf die nördliche Seite verlegt wurde. Die frühromanische Krypta wurde 1978, der gotische Turmhelm 1998 wieder hergestellt.

gotische Turmhelm wurde wegen Baufälligkeit abgebrochen.

Nach 1945 wurden rund 4000 Heimatvertriebene und Flüchtlinge in die heruntergekommenen Gebäude einquartiert. Zu ihnen zählten 16 Deutschordensschwestern aus Troppau und Freudenthal im Sudetenland, die sich als Krankenschwestern im Lager nützlich machten. Der Deutsche Orden, als Hospitalbruderschaft im Heiligen Land gegründet und später als Ritterorden Schöpfer des Staates Preußen, hatte in den Ländern der ehemaligen Donaumonarchie als geistlicher Orden überdauert. 1953 kauften die Schwestern den Nord- und Ostflügel, um hier das Mutterhaus ihrer Deutschen Provinz einzurichten. Nach 150 Jahren Unterbrechung gab es wieder ein „Kloster St. Nikola". Pflege und Schule sind die Haupttätigkeitsbereiche der Schwestern. Die Gründung des Klosters gab das Signal für die Revitalisierung des ganzen Gebäudekomplexes. Die ehemalige Stiftskirche wurde 1960 als Pfarrkirche (heute auch Universitätskirche) dem Gottesdienst zurück gegeben. In die Süd- und Westflügel (teilweise nach altem Schema rekonstruiert) zog in den siebziger Jahren die neu gegründete Universität ein, die dem modernen Passau heute wichtige Impulse gibt.

„Das Leben kosten mit allen Sinnen"

In der Tradition alter Klostergärten wurde 1998 der Innenhof des Klosters neu gestaltet. Schwester Maria-Regina Zohner hat daran mitgewirkt.

Welche Idee liegt der Gartengestaltung zu Grunde?

Sr. Maria-Regina: „Der Garten greift die Grundstruktur des vorgegebenen Raumes auf und verwandelt sie. Das Viereck des Kreuzganges wird von den diagonalen Linien nach innen geleitet und mit dem Kreis verbunden – sozusagen eine Quadratur des Kreises. Der Garten ist Natur, aber zugleich Abbild einer inneren Ordnung: Du gehst den Kreis und wirst im Gehen Kreis, du gehst das Kreuz und wirst im Gehen Kreuz, weil du immer schon Kreuz bist. Im Umhergehen kann ich das wiederholen, es wieder her holen und neu ansehen. So kann ich mir selbst begegnen."

Und wie es sich für einen Klostergarten gehört, befindet sich in der Mitte ein Brunnen.

Sr. Maria-Regina: „Auch das hat nicht nur praktische Gründe. Brunnen, fließendes Wasser, bedeutet Leben. Was im Fluss ist, das lebt; wo Leben ist, fließt es. Krankheit ist Stoppen, ist Stagnation. So wirkt das fließende Element als heilendes Stimulans: Es darf wieder fließen, es bewegt sich wieder. Alte Heilzentren hatten in der Mitte fließendes Wasser. Ein solcher Brunnen war oft als Oktogon gestaltet.

Die Menschen wurden hingetragen, hingelegt und dazu oft auch Musik gespielt. Man setzte die Harmonien der Töne in Verbindung mit bestimmten Funktionseinheiten im Leib."

Der Garten wird von den Wegen in vier Teile geteilt. Jedes Viertel zeigt eine bestimmte Bepflanzung. Was steckt da dahinter?

Sr. Maria-Regina: „Die Bepflanzung spiegelt die vier Jahreszeiten wider. Im Frühling blüht etwas anderes als im Herbst und selbst die Samenstände im Winter, der so genannten toten Zeit oder der Sammelzeit, sagen etwas aus – im Sommer die Fülle, im Winter die Hülle."

Und im Umhergehen durch den Klostergarten kann man diese Zusammenhänge nicht nur bedenken und erwägen, sondern quasi körperlich vollziehen und erfahren?

Sr. Maria-Regina: „Und zwar mit allen Sinnen. Da gibt es das alte Gebet, das uns die Propheten gelehrt haben: die Bitte um ein verständiges Herz. Es geht darum, den Verstand ins Herz zu bringen."

Ist das eine besondere Aufgabe des Klosterlebens?

Sr. Maria-Regina: „Ganz sicher ist es ein Auftrag für uns, dass wir zwar dieses Leben kosten mit allen Sinnen, aber auch die Köstlichkeit spüren, die das Wort Gottes in sich hat. Die Wüstenväter verwenden dafür den Begriff *ruminatio* (‚Wiederkäuen') – dass ich dem Wort Gottes nachspüren kann, davon kosten kann, um auf den Geschmack zu kommen und es wirklich in mich aufzunehmen."

Kloster St. Nikola
Schwestern vom Deutschen Haus St. Mariens in Jerusalem (Deutschordensschwestern), Deutsche Provinz
Kleiner Exerzierplatz 15, D-94032 Passau
Tel.: 0851/956980, Fax: 0851/753655
E-Mail: Deutschordensschwestern@faks-passau.de

Anreise
Das Kloster liegt südwestlich des Stadtzentrums von Passau, am Inn-Ufer. Vom Hauptbahnhof Buslinie 7, 8 oder 9 zum Kleinen Exerzierplatz.

Gottesdienste
In der Klosterkapelle: 6.30 (So 7.30), 18.00.
Messfeier in der Pfarr- und Universitätskirche St. Nikola: So 9.00, 11.00, 19.00 (Studentengottesdienst), Mi 9.00.

Besichtigung
Auf Anfrage Führungen (Kloster gestern und heute: Auf den Spuren der Baugeschichte des Hauses, Dauer 2 Std.)

Angebote
Besinnungstage und Kloster auf Zeit (Ansprechpartner Sr. Mirjam Müller).

Im Mutterhaus ist das Provinzialat angesiedelt, ebenso eine Alten- und Pflegeabteilung, eine Fachakademie für Sozialpädagogik und ein Kindergarten. Mittagessen für Bedürftige.
An der Klosterpforte gibt es allerhand Selbstgemachtes zu kaufen, z. B. Marmeladen, Holundersaft, Hildegardplätzchen, Handarbeiten und Klosterkerzen.

Unterkunft/Verpflegung
Gästezimmer für Kloster auf Zeit auf Anfrage. Hotels in Passau über Passau Tourismus, Tel. 0851/955980.

Ausflugstipps
Die Passauer Altstadt liegt einzigartig auf einer schmalen Landzunge zwischen Donau und Inn, bekrönt durch den gewaltigen Dom, dem südlich die Wallfahrtskirche Mariahilf, nördlich die Veste Oberhaus antworten. Der Passauer Mariahilfberg ist Ausgangspunkt aller vergleichbaren Wallfahrten im bayerisch-österreichischen Raum. Wer sich für den sudetendeutschen Hintergrund der Deutschordensschwestern interessiert, findet dazu im Oberhaus das Böhmerwaldmuseum. Ein besonderes Schmankerl ist die Drei-Flüsse-Stadtrundfahrt per Schiff (Dauer 45 Min.), Anlegestelle Rathausplatz. Informationen bei der Donauschifffahrt Wurm+Köck, Tel. 0851/929292 oder im Internet www.donauschiffahrt.com.

Ein beschaulicher Ort

Zisterzienserinnenabtei St. Josef Thyrnau

In Passau wird die Donau zum mächtigen Strom. Gleich dahinter stellen sich ihr die südlichen Ausläufer des Böhmerwaldes in den Weg und zwängen sie durch ein enges Tal. Hier finden wir ein kleines Kloster, der Luftlinie nach nur 3 Kilometer von der Donau entfernt. Doch, versteckt zwischen den Bergen, liegt es wie in einer anderen, zurückgezogenen Welt. Es ist die einzige kontemplative Frauenabtei, der wir auf unserer Reise begegnen werden. Die Zisterzienserinnen von Thyrnau tun nichts Spektakuläres, sie verwalten keine sozialen Werke, leisten keinen Beitrag zu Wissenschaft und Bildung. Sie führen ein Leben im Wechsel von Arbeit und Gebet. Für den Grafen Montgelas in Bayern war solches Tun Grund genug, ein Kloster umgehend aufzuheben; in Österreich hätte Kaiser Joseph II. vielleicht den Ausweg gelassen, eine Schule oder Kinderheim zu gründen. Nachdem die Wiege der Gemeinschaft im schweizerischen Rathausen stand, war es die Regierung des Kantons Luzern, die 1848 die Schwestern aus ihrem seit 600 Jahren angestammten Kloster verjagte. Nach langer Odyssee kamen sie nach Thyrnau und machten dort aus einem ehemaligen Jagdschlösschen die neue Bleibe für ihr beschauliches Leben. Wem das etwas nützt? Wäre ihr Gebet nicht mehr in der Welt, die Welt wäre ärmer.

Am Beginn standen fromme Frauen (so genannte Beginen), die sich bei Luzern in der Schweiz zu einer Gemeinschaft zusammenfanden, ohne einer bestimmten Regel zu folgen. 1245 übersiedelten sie nach Rathausen, wo ihnen ein Luzerner Bürger ein Gut gestiftet hatte. 1261 wurde ihnen die Inkorporation in den Zisterzienserorden gewährt. Nach jahrhundertelanger Blüte geriet das Kloster in der Reformationszeit in eine tiefe Krise. Mitte des 16. Jahrhunderts lebten ganze vier Schwestern im Haus, das längst keine Klausur mehr kannte. 1588 wurde Rathausen mit zwei anderen Luzerner Frauenkonventen vereinigt und die Klosterzucht wieder hergestellt. Doch in den Folgejahren lockerte sich – gegen den Willen der Schwestern – die Verbindung zum Zisterzienserorden. Die Regierung in Luzern und der päpstliche Nuntius favorisierten die Jesuiten als Beichtväter. 1649 wurde durch ein Päpstliches Breve Rathausen aus dem Zisterzienserverband gelöst. 1848, nach dem Schweizer Sonderbundkrieg, verfügte die freisinnige Regierung in Luzern die Aufhebung und Verschmelzung mit einem Nachbarkonvent. Letzterem verweigerten sich die Schwestern und zogen die Auswanderung vor. Nach zwei Zwischenstationen ließen sie sich in

Vézelise in Frankreich nieder. Man blieb jedoch ein rein deutschsprachiges Kloster, das 1894 in die schweizerisch-deutsche Zisterzienserkongregation aufgenommen wurde. Die kirchenfeindlichen Gesetze von 1901 zwangen den Konvent, auch Frankreich wieder zu verlassen. Diesmal zog es sie nach Bayern. 1902 ließen sich die Schwestern im früheren Jagdschloss des Passauer Fürstbischofs in Thyrnau nieder. Zum Gründerkonvent gehörte noch eine Schwester, die ihre Profess in Rathausen abgelegt hatte. Das Thyrnauer Schlösschen war im frühen 18. Jahrhundert nach italienischem Vorbild als elegante villa suburbana errichtet worden. Um es als Kloster nutzen zu können, wurde der Bau um einen Wohntrakt und eine neubarocke Klosterkirche erweitert.

1955 erlangte die Abtei Thyrnau wieder die volle Inkorporation in den Zisterzienserorden und damit den gleichen Status wie Rathausen in der Zeit vor 1649.

Der heilige Bernhard – Mönch und Mystiker

Bernhard von Clairvaux (um 1090–1153) ist nicht der Gründer, aber die große Vatergestalt des Zisterzienserordens. Man hat ihn den „ungekrönten Papst und Kaiser seines Jahrhunderts“ genannt. Schon 1174 wird er heilig gesprochen, es folgt die Erhebung zum Kirchenlehrer. Bernhard war ein glänzender Prediger, der den Kreuzzugsgedanken europaweit

Die Zisterzienserinnen leben von der Landwirtschaft sowie der klostereigenen Paramenten- und Fahnenstickerei

verbreitete und im Geist christlicher Hingabe das Abendland zu einigen suchte. Doch zugleich blieb er immer Mönch und Mystiker. Seine Frömmigkeit ist geprägt von der liebenden Verehrung des menschgewordenen Gottes. Bernhards Theologie hat die gesamte abendländische Mystik, aber auch Luther und den Pietismus tief geprägt. Zugleich war er ein großer Marienverehrer. Seiner innigen Beziehung zur

Die 1912–1914 erbaute Klosterkirche ist ein freundlicher, heller Raum

Gottesmutter gab er in der selben gefühlsbetonten Sprache Ausdruck, die auch sein Verhältnis zu Christus prägte.

„Gott und die Seele sind Bräutigam und Braut. Wenn sich die Braut ganz verflüssigt zu einem Strömen der Liebe, wie viel ist das im Vergleich zum ewigen Strom, der aus der Quelle der Liebe fließt? Die Liebende und die Liebe, die Seele und das Wort, die Braut und der Bräutigam, der Schöpfer und das Geschöpf fließen nicht in gleicher Fülle, sondern sie lassen sich vergleichen mit einem Durstigen und einer Quelle. Was bedeutet das? Wird nicht zunichte, wird nicht völlig inhaltslos, was in der Braut vorgeht: ihr Gelöbnis zur Vermählung, ihre Sehnsucht und ihr Seufzen, ihre glühende Liebe, ihre kühne Zuversicht, weil sie nicht als Ebenbürtige mit dem Riesen laufen kann, nicht an Süße es mit dem Honig gleichtun kann, nicht an Milde dem Lamm, an makellosem Leuchten der Lilie, an Strahlkraft der Sonne, an Liebe dem, der die Liebe ist? Nein. Denn mag auch das Geschöpf weniger lieben, weil es kleiner ist, so fehlt ihm doch an der Fülle der Liebe nichts, wenn es mit seinem ganzen Wesen liebt."

Über die Marienverehrung schrieb er:
„Du scheust dich zum Vater hinzutreten, da gab er dir Jesus zum Mittler. Oder bist du etwa auch bei ihm ängstlich? Er ist doch dein Bruder und dein Fleisch. Solltest du etwa auch in ihm die göttliche Majestät scheuen? Dann eile zu Maria! Der Sohn wird ja die Mutter erhören, und der Vater wird den Sohn erhören. An ihr, Maria, ist nichts Strenges, nichts Erschreckendes; sie ist ganz milde, anmutig, sanftmütig und erbarmend. Sie ist meine höchste Zuversicht."

 Ein Tag im Kloster

Der Tagesablauf in einem kontemplativen Kloster ist genau geregelt. In Thyrnau verläuft er wie folgt:

4.55 Uhr	Wecken
5.25 Uhr	Laudes
6.25 Uhr	Terz, Heilige Messe
anschl.	Frühstück
8.00 Uhr	Arbeitszeit
10.25 Uhr	Sext/Non
11.00 Uhr	Mittagessen
anschl.	frei

12.30 Uhr Rekreation (gemeinsame Erholung)
13.00 Uhr Arbeitszeit
17.00 Uhr Vesper
18.00 Uhr Abendessen
anschl. Rekreation
19.00 Uhr Matutin/Komplet
anschl. Nachtruhe

Zwischen Laudes und Terz ist Zeit für Betrachtung oder Meditation, nach der Vesper hat jede Schwester die Möglichkeit zur geistlichen Lesung, der *lectio divina*. In diese Gebetszeiten ordnen sich die Zeiten der Arbeit ein. Bei den Schwestern in Thyrnau liegt heute noch, wie in der Benediktusregel vorgesehen, der Schwerpunkt auf der Handarbeit. Dazu gehört vor allem die Paramenten- und Fahnenstickerei, die Haus- und Gartenarbeit. Bis vor kurzem zählte auch noch die Landwirtschaft dazu (neben dem Kloster werden 140 Schweine gehalten), doch die besorgt heute ein Angestellter. Die Arbeit ist kein Selbstzweck, sondern bildet mit dem Gebet eine unauflösliche Einheit. Schließlich sagt Benedikt in seiner Regel eindringlich: „Nichts soll man dem Gottesdienst vorziehen."

Die Lorettokapelle von Thyrnau lädt zum Beten ein

Abtei St. Josef Thyrnau
Zisterzienserinnen (OCist), Mehrerauer Kongregation
Abteistr. 1, D-94136 Thyrnau
Tel.: 08501/286, Fax: 08501/1326.

Anreise
Vom Passauer Hauptbahnhof gelangt man mit einem Bus der Firma Niedermeier Richtung Hauzenberg nach Thyrnau. Mit dem Auto fährt man von Passau (B 388) Richtung Hauzenberg, von dort links abbiegend erreicht man nach zwei Kilometern Thyrnau.

Angebote
Paramenten- und Fahnenstickerei, Ausbildung von Lehrlingen in der Stickerei und Hauswirtschaft.
An der Klosterpforte gibt es hausgemachte Marmeladen.

Gottesdienste
Chorgebet in der Klosterkirche: 5.30, 6.30, 10.30, 17.00, 19.00.
Messfeier wochentags: 6.30, So 7.30.

Unterkunft/Verpflegung
Das Kloster verfügt über 8 Gästebetten (mit Verpflegung), für angemeldete Gruppen besteht auch eine Tagungsmöglichkeit.

Ausflugstipps
Der kleine Ort Thyrnau zählt neben der Klosterkirche noch drei weitere Kirchen: Die alte Christophoruskirche, ein gotischer Bau aus dem 15. Jahrhundert (verschlossen), die heutige Pfarrkirche St. Franz Xaver, ursprünglich eine Wallfahrtskirche aus dem 18. Jahrhundert sowie, direkt davor gelegen, eine reizende Lorettokapelle aus dem 17. Jahrhundert.

Die leisen Mönche

Stift Engelszell

Bitter und süß ist Engelszell, ein Ort voller Kontraste. Hier, wo das Donautal sich wieder weitet, haben sich 1925 Trappistenmönche niedergelassen. Verträgt sich die liebliche Lage mit ihrer strengen Regelobservanz? Die Zurückgezogenheit und Stille ihres Lebens mit den Touristen und fröhlichen Likörverkostern an der Klosterpforte? Der süße Duft des Likörs mischt sich dort mit dem kräftigen Aroma des Trappistenkäses. Wieder ein Kontrast. Passt das große Deckenfresko im Stil der klassischen Moderne zum Rokokodekor in der Kirche? Und das Rokoko zu den Trappisten? Passt die milde Freundlichkeit der Mönche zu ihrem steilen asketischen Weg? Wer an der Oberfläche bleibt, wird ohne Antwort weggehen. Um ihre Lebensweise zu erklären, zitieren die Engelszeller gern die Zeilen der Dichterin Silja Walter: „Jemand muss zu Hause sein, Herr, wenn Du kommst. Jemand muss Dich erwarten. Jemand muss nach Dir Ausschau halten Tag und Nacht. Wer weiß denn, wann Du kommst?" Jede Nacht um halb vier stehen die Mönche auf zum Chorgebet. Sie singen und wachen, während wir schlafen.

Stift Engelszell wurde im Jahre 1293 von dem Passauer Bischof Bernhard (Wernhart) von Prambach gegründet und von Zisterziensern aus Wilhering besiedelt. Im 16. Jahrhundert setzte der Niedergang ein, 1570 raffte die Pest den Konvent dahin. Das Stift kam unter weltliche Verwaltung. 1618 gelang die Neubesiedelung. Nach einem verheerenden Brand 1699 übernahm einmal mehr das Mutterkloster Wilhering die Geschicke des Stifts. Schließlich wählte der Konvent 1747 Leopold Reichl zum Abt, unter dem Engelszell eine späte Blüte erlebte. Abt Leopold erbaute die heutige Kirche und erweiterte die Stiftsgebäude. Nach seinem Tod 1786 verfügte Kaiser Joseph II. die Aufhebung. Doch die Klostergeschichte von Engelszell war damit nicht zu Ende.

Der strenge Zweig des Zisterzienserordens, die Trappisten, hatte der Säkularisation trotzig widerstanden und sich im 19. Jahrhundert über ganz Europa ausgebreitet. Ihr elsässisches Kloster Ölenberg geriet im Ersten Weltkrieg zwischen die feindlichen Fronten. Der deutsche Teil des Konvents übersiedelte ins fränkische Kloster Banz, das sich für die Bedürfnisse der Trappisten jedoch als ungeeignet erwies. 1925 kaufte man Stift Engelszell. Nach fast 140 Jahren kehrte wieder Leben nach der Regel Benedikts hier ein. 1939 wurde das Kloster von der Gestapo beschlagnahmt und aufgehoben. Der Abt kam in Kerkerhaft, vier Mitbrüder starben im Konzentrationslager. Nach der Wiedererrichtung 1945 erhielt das Kloster Zuzug von deutschsprachigen Mitbrüdern aus dem Kloster Mariastern im bosnischen Banja Luka. 1954 bis 1957 wurde die Kirche umfassend restauriert und durch ein 400 Quadratmeter großes Deckenfresko von Professor Fritz Fröhlich ergänzt. Die Klosterkirche weist mit dem Chor zur Donau, die Ostseite des Klosters, die den von Linz kommenden Besucher empfängt, ist optisch hervorgehoben. Der Architekt der Kirche ist unbekannt. Die nach Zisterzienserart eintürmig gehaltene Fassade zeigt auffallende Parallelen zur Stiftskirche von Wilhering. Der Grundriss der ineinander übergehenden Kuppel-

räume ist wohl von Johann Michael Fischer beeinflusst. Das Innere ist hell und heiter, anders als in Wilhering nicht mit üppigem Dekor beladen, sondern klar und übersichtlich gegliedert. Man spürt schon einen Hauch frühklassizistischer Kühle. Die Stuckplastiken schuf Johann Georg Üblherr aus Wessobrunn, das Steinportal und die Holzarbeiten im Inneren Joseph Deutschmann aus der Werkstatt von St. Nikola in Passau. Ursprünglich waren alle Gewölbe mit luftig-leichten Fresken von Bartolomeo Altomonte ausgemalt, der auch die Altarblätter fertigte. Im 19. Jahrhundert wurde das große Deckenbild im Langhaus wegen Schäden am Gewölbe abgeschlagen und weiß gestrichen. Bei der Restaurierung der Kirche in den fünfziger Jahren sollte die bezaubernde Farbharmonie des Kirchenraumes wiederhergestellt werden. Fritz Fröhlich stellte sich der in jeder Hinsicht gewaltigen Aufgabe. Geschickt führte er die Scheinarchitektur Altomontes zunächst weiter und durchbrach sie mit Nischen und Personifikationen in moderner Formensprache. So gelingt ein fließender Übergang zum kubistisch beeinflussten Deckengemälde mit der Darstellung Mariens als Königin inmitten der neun Engelchöre. Die Malerei gibt dem Gottesdienstraum einen ernsteren, kantigeren Charakter, der dem heutigen Betrachter hilft, nicht nur das *theatrum*, sondern auch das *sacrum* wahrzunehmen.

Im östlichen Konventsgebäude (Klausurbereich) hat sich der Kapitelsaal aus dem 14. Jahrhundert erhalten. Gotische Wandmalereien zieren den Raum. Die westlichen Bauten werden von der Caritas für ihr Alten-, Wohn- und Betreuungszentrum St. Bernhard genutzt.

Das romantische Tal bei Engelhartszell ist einer der schönsten Abschnitte der Donau

Um ihr Schweigen nicht unterbrechen zu müssen, entwickelten die Trappisten eine Zeichensprache (hier das Zeichen für Gott)

 Die Getreuen von La Trappe

In der Barockzeit wandten sich viele Klöster verstärkt der Gelehrsamkeit, dem Schuldienst und der Seelsorge zu. Beschaulichkeit, Wissenschaft und Kunst sollten sich harmonisch verbinden. Als Gegenreaktion entstand innerhalb des Zisterzienserordens in Frankreich eine eigenwillige und radikale Reform. Armand Jean Bouthillier de Rancé, ein Neffe des Kardinals Richelieu, war ihr Begründer. In der bis dahin unbedeutenden Abtei La Trappe praktizierte er ab 1664 eine äußerst asketische Auslegung der Regel Benedikts. Die Mönche lebten vollkommen vegetarisch, in beständigem Schweigen, bei vollem Chordienst, ohne wissenschaftliche und seelsorgliche Aufgaben, nur von Handarbeit. Die „Zisterzienser von der strengeren Observanz" wurden nach ihrer Mutterabtei auch „Trappisten" genannt.

Inmitten der dramatischen Auflösung der Klosterkultur nach der Französischen Revolution bewiesen die Mönche von La Trappe ihre Treue zum monastischen Ideal. Der Novizenmeister von La Trappe, Dom Augustin de Lestrange, gründete 1791 eine Niederlassung in der Schweiz, wo ein Jahr später die Mönche nach der Aufhebung von La Trappe Zuflucht fanden. Als die Auswirkungen der Revolution auch dorthin vordrangen, verließ der inzwischen zum Abt gewählte de Lestrange mit 100 Mönchen, 40 Nonnen und 100 von ihnen betreuten Waisenkindern die Schweiz in Richtung Russland. Dort hatte der Zar ihnen ein neues Zuhause versprochen. Auf Schiffen und Flößen verladen trug sie die Donau nach Osten. Hinter Passau nahmen die Trappisten kurzfristig Quartier „in einem aufgehobenen Kloster an der Grenze zwischen Österreich und Bayern". Das kann nur Engelszell gewesen sein. Der Aufenthalt wird im Reisetagebuch der Emigranten besonders vermerkt, weil dort ein neunjähriger Junge auf dem Schiff an „hektischem Fieber" starb. Im Friedhof von Engelhartszell wurde der Bub im Ordenskleid nach zisterziensischem Ritus beerdigt. In Linz teilte sich die Schar und zog in zwei Gruppen über Wien bzw. Lemberg weiter. Der Aufenthalt in Russland dauerte nur ein Jahr. Mit Blick auf Frankreich widerrief der Zar seine Zusage und die Trappisten wanderten weiter ins Münsterland, die Schweiz, England und Kanada. Nach Napoleons Abdankung 1814 konnte de Lestrange nach La Trappe zurückkehren und von dort aus weitere französische Niederlassungen gründen. In einer abenteuerlichen Odyssee hatte seine Kommunität die Säkularisation überdauert und wurde in den Folgejahren mit internationaler Ausbreitung und reichem Ordensnachwuchs belohnt.

Das Deckenbild von Fritz Fröhlich ordnet den verschiedenen Engelgruppen Farbwerte von symbolhafter Bedeutung zu

Stift Engelszell

Zisterzienser von der strengen Observanz (OSCO)
Stiftstr. 6, A-4090 Engelhartszell
Tel.: 077 17/801 00, Fax: 077 17/80 10 17

Anreise

Sowohl von Passau als auch von Linz und Schärding ist Engelhartszell jeweils mit dem Bus erreichbar. Mit dem Auto fährt man von Passau die Nibelungenstraße 130, von Linz nimmt man die gleiche Straße ab Eferding. Von Schärding führt die B 136 nach Engelhartszell.

Gottesdienste

In der Wochentagskapelle: 4.00 Vigil, 6.30 (So 7.00) Laudes und Messe, (So 10.40 Terz,) 11.45 (außer So) Sext, 14.00 Non, 17.15 Vesper, 19.30 Komplet.
Messfeier in der Klosterkirche: So 8.00, 11.00 (Konventamt).

Besichtigungen

Für angemeldete Gruppen (mind. 10 Personen) werden Führungen angeboten. Zur Auswahl steht eine halbstündige Führung durch die Kirche und eine einstündige, die zusätzlich Klosterhof, Kapitelsaal und Dauerausstellung „700 Jahre Stift Engelszell" umfasst.

Angebote

Der Konvent bietet die Möglichkeit im Rahmen von Tagen der Einkehr oder „Kloster auf Zeit" in der Mönchsgemeinschaft mitzuleben (Ansprechpartner: Abt Marianus Hauseder).
Im Klosterladen kauft man den bekannten Engelszeller Likör. 10 Sorten werden von den Mönchen im Stift selbst hergestellt. Sehr empfehlenswert ist auch der Engelszeller Bio-Trappistenkäse, erzeugt in der Käserei des benachbarten Zisterzienserstiftes Schlierbach.

Unterkunft/Verpflegung

Engelhartszell ist auf Ausflügler und Touristen eingestellt. Auskunft über Tourismusverband Engelhartszell, Tel. 077 17/80 55 16.

Ausflugstipps

Die Engelhartszeller Donauwelt und Donau-Ausstellung ist eine Hinterlassenschaft der Oberösterreichischen Landesausstellung „Die Donau" von 1994. Der Donau-Weg verbindet Engelhartszell mit dem Donaukraftwerk Jochenstein. Überregionale Tourismusangebote hält das Tourismusbüro Oberes Donautal bereit (Tel.: 077 17/80 55 11). Ein Erlebnis für Jung und Alt ist die Anreise per Schiff, von Passau oder Linz (Informationen bei Wurm+Köck in Passau, Tel.: 08 51/ 92 92 92 bzw. Linz 07 32/78 36 07 oder www.donauschifffahrt.com.

Der offene Himmel

Zisterzienserstift Wilhering

Das soll eine Zisterzienserkirche sein? Diese überschäumende Pracht, diese orgiastische Fülle? Wer die Stiftskirche von Wilhering verlässt und an die rigiden Bauvorschriften des alten Zisterzienserordens denkt, kann ein Schmunzeln nur schwer unterdrücken. Die Mönche von Wilhering sind moderne, selbstbewusste Menschen und sie wissen mit dem Spott gut umzugehen. Doch mit welchem Recht erheben wir uns über jene Zeit, die ihre ganze Phantasie entfaltete, um Kirchen zu bauen – statt Dome der Lust und des Konsums wie wir? Gehen wir in die Kirche von Wilhering, mit den unverdorbenen Augen eines Kindes. Das schlichte romanische Portal aus der Gründungszeit steht noch immer. Ernst und schwer wölbt es sich über dem engen Tor. Was wird uns erwarten, wenn wir die Schwelle überschreiten? Jede Kirche gilt als Bild des himmlischen Jerusalem. Wilhering ist nicht so sehr gelehrtes Gleichnis als vielmehr rauschhafte Vision. „Die Stadt braucht weder Sonne noch Mond, die ihr leuchten. Denn die Herrlichkeit Gottes erleuchtet sie. Und man wird die Pracht und die Herrlichkeiten der Völker in die Stadt bringen", heißt es in der Offenbarung des Johannes. Ich betrat diese Kirche zum ersten Mal, als ich ein Kind war. Ich erinnere mich gut: Es war eine Offenbarung.

Im 12. Jahrhundert rodeten die Herren von Wilhering die Gebiete nördlich der Donau. Als die Familie ihren Wohnsitz verlegte, stiftete sie 1146 die aufgelassene Burg Wilhering dem steirischen Zisterzienserkloster Rein für eine Tochtergründung an der Donau. Doch die Gründung kam nicht recht auf die Beine. Erst 40 Jahre später, als eine neue Mannschaft aus dem Reiner Mutterkloster Ebrach bei Bamberg entsandt wurde, blühte das Kloster auf. Teile jener spätromanischen Anlage haben sich erhalten. Von Wilhering aus wurden die Tochterklöster Hohenfurth in Südböhmen, Engelszell an der Donau und Fürstenzell in Niederbayern gegründet. In der Reformationszeit nahm der damalige Abt die Klosterkasse an sich und floh nach Nürnberg, wo er sich verheiratete. Als 1585 das Kloster völlig leer stand, rief der Kaiser seinen ehemaligen Hofkaplan und Rektor der Wiener Universität, Alexander a Lacu, als Abt nach Wilhering. Ihm gelang es, wieder einige Brüder um sich zu versammeln. Zugleich erzwang er die gewaltsame Rekatholisierung der Klosteruntertanen. Im 17. Jahrhundert nahm das Klosterleben einen neuen Aufschwung, wozu die nüchterne Wirtschaftsführung der Äbte beitrug. Sie ließen sich auch nicht vom allgemeinen Baufieber anstecken. Als 1733 Kloster und Kirche niederbrannten, vermutete man, die Mönche hätten das Feuer selbst gelegt, um endlich zu neuen Gebäuden zu kommen. Als Urheber wurde jedoch ein unzufriedener arbeitsloser Rossknecht ermittelt, der ein zwölfjähriges Mädchen zur Tat angestiftet hatte.

Die Kirchenruine wurde nicht abgerissen, sondern unter Verwendung der verbliebenen Mauerreste ohne besonderen Aufwand wieder aufgebaut. Die große Klosteranlage, die der Architekt Johann Haslinger symmetrisch zur Achse der Kirche geplant hatte, blieb ein Torso. Einen Kurswechsel vollzog Abt Johann Baptist Hinterhölzl bei der Ausstattung

Wie ein Blick ins Paradies: Der vom ausgelassenen Spiel jubelnder Engel erfüllte Kirchenraum

der Kirche. In verschwenderischer Fülle und Farbigkeit wurde der Innenraum gestaltet. Das theologische Programm ist auf einem Spruchband im Deckenfresko des Altarraums festgehalten: *Assumpta est Maria in caelum, gaudent angeli* (Aufgenommen ist Maria in den Himmel, darüber jubeln die Engel). Wie jede Zisterzienserkirche ist auch die Stiftskirche von Wilhering der Himmelfahrt Mariens geweiht. Der hochbetagte Martino Altomonte wurde beauftragt, ein entsprechendes Bild für den Hochaltar zu malen sowie danach auch alle Seitenaltäre zu gestalten; es war sein letzter großer Auftrag. Die Deckenfresken schuf sein Sohn, Bartolomeo Altomonte. Mit den Stuckarbeiten wurde Franz Joseph Holzinger aus St. Florian beauftragt. Kurz vor Vollendung musste er 1741 unterbrechen. Der Abt nahm dies zum Anlass, die Stukkatoren zu wechseln. Er rief Johann Michael Feichtmayr und Johann Georg Üblherr nach Wilhering; zwei bayerische Künstler aus der Wessobrunner Schule, deren Ruhm sich damals weit verbreitete. Die beiden arbeiteten die Vorgaben Holzingers völlig um und schufen einen Raum, der alle dekorativen Möglichkeiten des Rokoko restlos ausschöpft. Seine verzaubernde Wirkung erschließt sich am besten, indem man die subtile Farbigkeit und den musikalischen Zusammenklang aller Teile genießt, ohne sich deutend in Einzelheiten zu verlieren.

Die durch den Neubau aufgehäuften Schulden wurden innerhalb von drei Jahrzehnten getilgt. Dennoch plante Kaiser Joseph II. die Aufhebung des Klosters. Der Abt war bereits zum kaiserlich-königlichen Administrator degradiert und die Stiftskirche zur Pfarrkirche umgewandelt. Wieso es dann doch nicht zur Aufhebung kam, weiß man nicht. 1895 gründete Stift Wilhering ein Gymnasium. Nach dem Anschluss 1938 wurde die Führung von Schule und Internat verboten. 1940 folgte die Enteignung. Fünf Mitbrüder kamen wegen Mitgliedschaft in einer Widerstandsbewegung in Haft, ein weiterer überlebte die Konzentrationslager Buchenwald und Dachau. Abt Dr. Bernhard Burgstaller starb 1941 in einem Gefängnis bei Krefeld.

Im Mai 1945 quartierten sich amerikanische Truppen im Stiftsgebäude ein. Anschließend konnte die Mönchsgemeinschaft zurückkehren. In den siebziger Jahren wurden die Stiftskirche unter der Leitung von Professor Fritz Fröhlich, der zuvor das große Deckenfresko in Engelszell geschaffen hatte, umfassend restauriert. Sehenswert sind auch die mittelalterlichen Grabmäler in der Kirche, die Reste der frühgotischen Klosteranlage und der von der Stiftsgärtnerei liebevoll gepflegte Park.

 Bernhard und die Kunst

Der heilige Bernhard war nicht nur ein großer Mystiker, sondern, wenn er wollte, auch ein großer Polemiker. Er attackierte die Pracht und den Reichtum der Cluniazenser:

„Wozu bei Euch Armen, sofern Ihr wahrhaft Arme seid, all dies Gold, das in Euren Heiligtümern glänzt? Da stellt man die Statue eines Heiligen oder einer Heiligen aus und glaubt sie umso heiliger, je mehr man sie mit Farbe überhäuft. Und dann strömt man zuhauf, um sie zu küssen, und beeilt sich dabei, eine Opfergabe dazulassen; all diese Huldigungen gelten eher der Schönheit des Objekts als seiner Heilig-

Haslingers unvollendet gebliebener Plan sah die Kirche als Mittelpunkt der Gesamtanlage vor

keit ... Oh, Eitelkeit der Eitelkeiten, doch mehr noch Wahn als Eitelkeit! Die Kirche glitzert von allen Seiten, doch die Armen sind völlig entblößt: Ihre Wände sind mit Goldstücken bedeckt, doch ihre Kinder entbehren der Kleider; die Feinschmecker finden in der Kirche alles, ihre Neugier zu befriedigen, doch die Armen finden nichts, ihr Elend zu lindern."

Übrigens: Der Anstifter des Wilheringer Klosterbrandes von 1733 gab bei der Vernehmung an, aus Rache gehandelt zu haben. Man hatte dem Arbeitslosen, der an der Klosterpforte bettelte, das Almosen verweigert. Er starb auf dem Scheiterhaufen.

„Individuen und keine Herdentiere"

P. Balduin Sulzer ist Musiker und Komponist, er war Musiklehrer und Domkapellmeister in Linz. Viele seiner Schüler sind mittlerweile international anerkannte Künstler.

Haben Sie eine besondere Nase für Talente?

P. Balduin: „Ich denke, ja. Freilich habe ich mich immer bemüht, die Schüler als Individuen zu erfassen, nicht als Herdentiere, wozu die Schule manchmal doch einlädt; jeder Schüler ist als Individuum zu erfassen und auch so zu behandeln. Ich habe mich öfters im Konferenzzimmer gestritten, wenn es hieß, die höchste Gerechtigkeit sei, wenn alle Schüler die

P. Balduin Sulzer hat unter anderem zwei Opern und mehrere Symphonien komponiert

gleiche Frage bekommen. Ich finde, so geht das nicht. Jeder hat seine unverwechselbare Persönlichkeit und Begabung. Um die muss man sich bemühen."

Waren Sie da manchmal auch als Seelsorger gefragt?

P. Balduin: „Natürlich häufen sich gerade bei jungen Menschen alle möglichen Probleme und Entscheidungen. Da darf man nicht aufdringlich sein, aber man muss auch bereit sein, Rede und Antwort zu stehen, mit dem anderen zusammen Lösungen zu suchen und manchmal einen vorsichtigen Ratschlag zu geben. Man kann das durchaus als Seelsorge bezeichnen."

Sehen Sie sich als Zisterziensermönch heute noch in den Fußstapfen von Bernhard von Clairvaux?

P. Balduin: „Bernhard von Clairvaux war auf der einen Seite ein typischer Mönch. Auf der anderen Seite wieder überhaupt nicht, weil er sehr umtriebig war und durch ganz Europa gereist ist. Er war unbeschreiblich kreativ und hat so vieles angepackt – insofern fühle ich mich dem heiligen Bernhard sehr verbunden. Allerdings, den Kreuzzug zu predigen wie Bernhard, dafür war das Musikgymnasium sicher nicht der Ort."

„Das auszuhalten ist nicht einfach"

P. Theobald Grüner ist Pfarrer von Ottensheim, einem Markt am nördlichen Donauufer.

Wenn Sie ins Stift fahren, müssen Sie von einem Ufer der Donau aufs andere übersetzen. Wo sind Sie denn mehr daheim?

P. Theobald: „Zu Hause bin ich im Pfarrhof in Ottensheim, das ist keine Frage. Das Kloster ist für mich ein wichtiger Standort, an dem ich Gesprächspartner finde, oder einfach da bin. Ein Ort, der zu meinem Wohlbefinden und öfter zur geistigen Auseinandersetzung behilflich ist. Als ich ins Kloster eingetreten bin, wollte ich doch vor allem Mönch werden. Wir haben uns ziemlich auf uns selbst konzentriert, auf unsere Gemeinschaft, den Konvent. Heute bin ich froh, dass ich mit der Welt der Leute draußen in Berührung komme und dazu beitragen kann, dass Menschen Interesse an der Kirche finden und es bejahen, Kirche zu sein."

Hat sich das Verhältnis zwischen Kirche und Welt in diesen Jahren verändert?

P. Theobald: „Ich bin kurz vor dem Konzil ins Kloster eingetreten, und eigentlich hatten wir geglaubt, es müsste in dieser Tonart weitergehen – mit der Öffnung der Kirche und auch damit, dass wir ungeheuer wichtig und allgegenwärtig sind. Die Tatsachen sprechen seit mehr als 20 Jahren deutlich dagegen. Das auszuhalten ist nicht ganz einfach. Wir müssen uns umstellen, von der Seelsorge im großen Maßstab auf den Einzelnen, der ein Gespräch und eine Antwort braucht."

Das frühgotische Portal des einstigen Kapitelsaales wurde 1939 freigelegt

Stift Wilhering
Zisterzienser (OCist), Österreichische Kongregation
Linzer Str. 4, A-4073 Wilhering
Tel.: 07226/2311/10, Fax: 07226/2311/11
Homepage: www.stiftwilhering.at
E-Mail: abteibuero@stiftwilhering.at

Anreise
Vom Linzer Hauptbahnhof erreicht man Wilhering mit dem Bus Richtung Eferding/Passau. Wilhering liegt 8 km westlich von Linz, am südlichen Donauufer.

Gottesdienste
Das Chorgebet in der Chorkapelle ist nicht zugänglich.
Messfeier in der Stiftskirche: wochentags 6.30, Mi auch 19.30, So 6.30, 8.30, 10.00.

Besichtigungen
Führungen gibt es für Gruppen nach Voranmeldung (Stiftskirche, Kreuzgang, Stiftshof und Park).

Angebote
Zu den kulturellen Angeboten gehören der Wilheringer Orgelsommer, das Sommertheater bzw. die Barockoper in der Stiftsscheune und der Adventmarkt. In der ehemaligen Stiftstaverne ist die Fritz-Fröhlich-Sammlung untergebracht.
Das spirituelle Jugendzentrum „Aufbruch" bietet in Wilhering Orientierungstage für Schülerinnen und Schüler sowie Wochenendtreffen für Jugendliche (Informationen beim Aufbruch-Team, Mag. Heinz Purrer, Tel.: 0732/771993).
Das Stift hat eine zehnbändige lateinisch-deutsche Gesamtausgabe der Werke von Bernhard von Clairvaux heraus.
Das Stiftsgymnasium ist neusprachlich und humanistisch ausgerichtet.

Unterkunft/Verpflegung
1 km westlich liegt der Gasthof „Donaualm" mit Gastgarten am Donauufer. Übernachtungsmöglichkeiten bietet der Gasthof Fischer in Dörnbach (Richtung Traun), ansonsten die benachbarte Großstadt Linz.

Ausflugstipps
In Dörnbach findet man die Wallfahrtskirche „Unserer Lieben Frau vom guten Rat".
Im historisch bedeutsamen Eferding gibt es einiges (Pfarrkirche, Schloss) zu sehen. Kurz dahinter liegt Pupping, der Sterbeort des heiligen Wolfgang (Kirche mit Gedenkstein).

Die Marienschwestern vom Karmel in Linz

Jede Zeit hat ihre Ausdrucksweise, auch in der Frömmigkeit. Im 19. Jahrhundert drängte die Notwendigkeit, aber auch ein mächtiger religiöser Impuls die Orden dazu, aktiv zu werden. Aus den Klostermauern gingen sie hinaus in eine Welt, die sich durch die Industrialisierung dramatisch veränderte. Es entstand ein dichtes Netzwerk kirchlicher Vereine und Einrichtungen, das „katholische Milieu". Und überall, in jedem Haus und jeder Anstalt, fand man die unentbehrlichen, unermüdlichen Schwestern aus den wundersam aufblühenden Kongregationen jener Zeit. Zu ihnen zählten seit den 1860er Jahren auch die Drittordensschwestern der Karmeliten von Linz. Heute hat die Welt sich gewandelt. Die Orden müssen sich neu orientieren, ihr spezielles Charisma entwickeln. Die Marienschwestern gehen mit gutem Beispiel voran. Sie schöpfen wieder stärker aus den Quellen karmelitanischer Innerlichkeit und verbinden dies in ihren Kureinrichtungen mit dem ganzheitlichen Gesundheitsbegriff des Pfarrers Kneipp. „Erst als ich Ordnung in die Seelen meiner Patienten brachte, besserten sich auch die körperlichen Gebrechen", erkannte Sebastian Kneipp. Bei den Marienschwestern findet man heilende Quellen für Seele und Leib.

Die Karmeliten ließen sich 1674 in Linz nieder. Seit 1710 bestand auch ein weiblicher Zweig, er wurde in josephinischer Zeit aufgehoben. Um 1860 belebten Karmelitinnen aus Gmunden den Linzer Konvent wieder. Zugleich wurde auf Anregung des Provinzialvikars der Karmeliten der Versuch gemacht, eine Gemeinschaft von Tertiarinnen zu gründen. Wie Franziskaner und Dominikaner kennen auch die Karmeliten das Institut des „Dritten Ordens"; das sind Laien, die das Versprechen ablegen, in Ehe und Beruf nach den Idealen des Ordens zu leben. Aus dem Dritten Orden erwuchsen immer wieder regulierte Gemeinschaften, die sich auf ein Leben nach den evangelischen Räten – Armut, Gehorsam, Keuschheit – verpflichteten. Ansätze für eine solche Kommunität von Tertiarschwestern bildeten sich in Linz, Riedau (einem kleinen Marktflecken im Innviertel) und Eferding. Die erste, kleine Gruppe in Linz lebte nach traditioneller karmelitanischer Weise eher kontemplativ. Dies entsprach allerdings nicht der Vorstellung des Linzer Bischofs. Er wünschte, dass sich die Tertiarinnen mit tätiger Nächstenliebe befassen sollten – wie in Riedau und Eferding, wo die Frauen einen Kindergarten, eine Handarbeitsschule, eine Kinderbewahranstalt und ein Spital betreuten. Die Linzer Karmelitenpatres entwarfen Statuten und veranlassten, dass sich die lokalen Gruppen 1868 zu einer Kommunität zusammenschlossen. Die kirchenpolitisch schwierigen Zeiten verzögerten die Anerkennung als

Kongregation durch Staat und Kirche bis in Jahr 1885. Von da ab durften die Schwestern auch in Linz das Ordenskleid tragen. Das heutige Mutterhaus wurde 1870 erworben und seither laufend vergrößert und umgebaut. Zu den traditionellen Aufgaben wie Fachschulen und Pflegeeinrichtungen kam im 20. Jahrhundert als besonderer Akzent die Errichtung von drei Kneipp-Kurhäusern. Initiatorin war Sr. Raphaela Freund, eine gebürtige Wienerin. Als junges Mädchen lebensgefährlich erkrankt, fand sie im bayerischen Bad Wörishofen unter Anleitung von Pfarrer Sebastian Kneipp vollständige Heilung. Durch Sr. Raphaela wurde die Niederlassung der Marienschwestern in Aspach zu einem Zentrum der Kneippschen Naturheilmethode. Der Zulauf von Menschen aus nah und fern rief zugleich Anfeindungen und Anzeigen wegen „Kurpfuscherei" auf den Plan. Daraufhin entschloss sich Sr. Raphaela, eine staatliche Konzession zu beantragen, die 1933 erteilt wurde.

Schon in der Gründungszeit gab es Kontakte zu den Karmeliten in Regensburg. Seit 1940 verfügen die Schwestern im Bistum Regensburg über eine eigene Provinz. Bis 1960 trug die Kongregation den Namen „Schwestern des Dritten Ordens unserer Lieben Frau vom Berge Karmel". 1960 erfolgte die Umbenennung in „Marienschwestern vom Karmel".

Unauffällig fügt sich die Klosterkirche der Marienschwestern in das Straßenbild

Die Einkleidung einer Novizin ist ein Fest für die gesamte Klosterfamilie

Die große Teresa

Teresa de Ahumáda y Cepeda wird 1515 in Avila geboren. Väterlicherseits stammt sie aus einer jüdischen Familie; der Großvater lässt sich mit seiner Familie taufen, als Teresas Vater fünf Jahre alt ist. Teresa tritt nach inneren Kämpfen in den Karmel zu Avila ein. Sie erkrankt schwer. Nach drei Jahren völliger Lähmung findet sie Heilung. 1554 erfährt sie beim Anblick einer Statue des leidenden Christus ein Erlebnis innerer Umkehr. Sie findet die Gewissheit, von Gott geliebt zu werden, so wie sie ist. Gemeinsam mit Johannes vom Kreuz widmet sie sich unter manchmal abenteuerlichen Umständen der Reform des Karmelitenordens. Zwischen „beschuhten" und „unbeschuhten" Karmeliten werden heftige Kämpfe ausgetragen. Teresa verfasst ihre Lebensbeschreibung und andere Schriften, die ihr einen Prozess vor der Inquisition in Sevilla einbringen. 1580 erlangt sie vom Heiligen Stuhl die Anerkennung der Teresianischen Reform als eigenständigem Zweig des Karmelitenordens. Zwei Jahre später stirbt sie. Teresa von Avila wird 1622 heilig gesprochen und 1970 zur Kirchenlehrerin erhoben.

„Ach, ihr Schwestern, die ihr große Verstandesanstrengungen nicht fertig bringt, die ihr keinen Gedanken fassen könnt, ohne gleich wieder zer-

streut zu sein, gewöhnt euch doch an, in seiner Gesellschaft zu leben! Seht, ich weiß, dass ihr das könnt, weil ich ja selber viele Jahre darunter gelitten habe, dass ich mit den Gedanken nicht bei einer Sache bleiben konnte ... Ich bitte euch nicht, dass ihr euch auf ihn konzentriert, dass ihr große Gedankengänge entwickelt und mit eurem Verstand hohe und scharfsinnige Betrachtungen haltet. Ich bitte euch nur um das eine, dass ihr ihn anschaut.
Wer hindert euch denn daran, die Augen der Seele auf den Herrn zu richten – und sei es nur für einen kleinen Augenblick? Töchter, euer Bräutigam wendet die Augen nie von euch ab."

Teresas Trostspruch, den sie ständig bei sich trug

„Nichts soll dich ängstigen,
nichts dich erschrecken,
alles vergeht,
Gott bleibt derselbe.
Geduld erreicht alles;
wer Gott besitzt,
dem kann nichts fehlen:
Gott allein genügt."

Kongregation der Marienschwestern vom Karmel
Mutterhaus
Friedensplatz 1, A-4020 Linz
Tel.: 0732/775654, Fax: 0732/77565421
Homepage: www.marienschwestern.at
E-Mail: marienschwestern.linz@aol.at

Anreise
Das Kloster der Marienschwestern liegt im Zentrum von Linz, nicht weit vom Neuen Dom.

Gottesdienste
Die Gebetszeiten sind 6.10 (So 7.00), 11.00, 17.30 (So 17.15).
Do von 7.00 bis 18.00 Eucharistische Anbetung.
Messfeier: wochentags 7.00, So 9.00.

Angebote
Einzelgäste können im Mutterhaus „Stille Tage im Kloster" mit Meditation und stillem Gebet verbringen. Im Exerzitienhaus „Marienheim" in Grünau/Almtal werden Besinnungstage und Meditationswochenenden angeboten, Programm auf Anforderung (Tel.: 0 76 16/82 58).
Prospekte der Kneippkurhäuser erhalten Sie entweder vom Linzer Mutterhaus oder direkt bei den drei Häusern in Aspach (Tel.: 077 55/70 51), Bad Kreuzen (Tel.: 072 66/6 28 10) und Bad Mühlacken (07233/72 15).
Im Mutterhaus wird auch noch Paramentenstickerei betrieben.
In Linz gibt es ein reiches karmelitanisches Leben zu entdecken. Das Herzstück ist die Karmelitenkirche mit dem Provinzialat der Karmelitenpatres in der Landstraße 33 (www.karmel.at/Linz). Einige Hauseingänge weiter, in der Landstraße 35 b, III. Stock, ist das Karmelzentrum untergebracht. Es versteht sich als Ort der Stille, des Gebetes und des spirituellen Lebens für alle, die Gott suchen (Tel.: 0732/77 02 17 20). Auch die Teresianische Karmel-Gemeinschaft (III. Orden) trifft sich hier. Ein streng kontemplatives Frauenkloster ist der Teresianische Karmel der Unbefleckten Empfängnis Mariens in der Langgasse 17 (Tel.: 0732/66 34 10).

Unterkunft/Verpflegung
Gästezimmer sind im Kloster der Marienschwestern vorhanden. Auch im Karmelzentrum in der Landstraße 35b/III gibt es auf Anfrage die Möglichkeit der Übernachtung und Verpflegung. Der Tourismus-Service der Stadt Linz (0732/70 70 17 77) vermittelt Hotelzimmer.

Ausflugstipps
Linz war keine Residenzstadt und erst ab 1785 Bischofssitz. Das Straßenbild wurde von den Landständen und den Orden geprägt, als „Barockstadt ohne fürstliches Gepränge". Deshalb überrascht möglicherweise, wie viel es in der Altstadt zu sehen gibt. In unserem Zusammenhang interessiert neben den Kirchen – Neuer Dom, Alter Dom (Ignatiuskirche), Karmelitenkirche, Ursulinenkirche – besonders der Bischofshof, der als Hof des Stiftes Kremsmünster nach Plänen von Jakob Prandtauer erbaut wurde. Zu einem Linz-Besuch gehört die Wallfahrtskirche zu den Sieben Schmerzen Mariens auf dem Pöstlingberg unbedingt dazu, auch wegen der herrlichen Aussicht.

Das Erbe des Tassilo

Benediktinerstift Kremsmünster

Nein, Kremsmünster liegt nicht an der Donau. Der Name sagt es: das Münster ob der Krems. Auf einer Terrasse ruht das Stift mächtig und breit über dem Kremstal. Die Krems fließt in die Traun und die Traun in die Donau. Und in einem weiteren Sinne liegt Kremsmünster ja durchaus am Südrand jenes breiten Donaugrabens, der das Voralpenland vom Böhmerwald trennt. Aber, es bleibt dabei, Kremsmünster liegt nicht an der Donau. Warum taucht es dann in einem Buch über Donauklöster auf? Als der Baiernherzog Tassilo sein Lieblingskloster Kremsmünster gründete, war das nicht eine romantische Laune, sondern Programm. An der Südostgrenze seines Landes gelegen, hatte das Stift die Aufgabe, die Mission der Alpenslawen voranzutreiben und ihr Siedlungsgebiet der bairischen Herrschaft zu erschließen. Ein wichtiger Baustein, um den Alpenraum gegen das Ausgreifen der fränkischen Macht zu sichern. Tassilos politischer Plan scheiterte. Die kulturelle Saat, die er in Kremsmünster legte, trug dennoch Frucht. Kaiser Karl führte seine Mission weiter, die Ostalpen wurden dem christlichen und bairischen Einfluss geöffnet. Das Ergebnis war – Österreich. Ein Buch über Donauklöster kann auf Kremsmünster nicht verzichten.

Tassilo III., der letzte Agilolfinger, gründete im Jahre 777 das Stift Kremsmünster. Er stattete es reich aus: „Ich gab, so viel ich konnte", heißt es im Stifterbrief. Bei der Gründung war der halbe bairische Episkopat anwesend, fünf Äbte fungierten als Zeugen. Der Herzog berief seinen Hofkaplan Fater zum Abt für die ersten Mönche, die wahrscheinlich aus Mondsee, vielleicht auch aus Niederaltaich kamen. Nach der Einverleibung Baierns in das Frankenreich bestätigte Karl der Große 791 das Kloster und erhob es zur Reichsabtei. Fater blieb Abt. Nach den Ungarnstürmen sank Kremsmünster zu einem Eigenkloster der Passauer Bischöfe herab. Im 11. Jahrhundert gelang es, mit Unterstützung durch Niederaltaich wieder selbstständige Abtei zu werden. Das 13. Jahrhundert brachte eine Blütezeit, die in der fünfzigjährigen Regierungszeit des Abtes Friedrich von Aich gipfelte. Damals rühmte man die Schreibschule; damals wurde auch die große Stiftskirche erbaut, deren spätromanische und frühgotische Substanz an manchen Stellen heute wieder freigelegt ist. Im 15. Jahrhundert schloss sich das Kloster der Melker Reform an, der Humanismus zog ins Kloster ein. Abt Gregor Lechner begründete 1549 das öffentliche Stiftsgymnasium, die älteste Lateinschule des Landes. In der Zeit der Glaubenskämpfe stellte eine kaiserliche Kommission im Kloster acht Konventsmitglieder, deren sechs Frauen und elf Kinder fest. In der Folge setzte der Kaiser bewährte Gegenreformatoren als Äbte ein, darunter – wie zuvor schon in Wilhering und Garsten – auch Alexander a Lacu. Als energischer Politiker erneuerte er den oberösterreichischen Prälatenstand, dessen Vorsitz bis 1848 stets der Abt von Kremsmünster inne hatte. Einer der Großen unter ihnen war Anton Wolfradt, der 1639 als Bischof von Wien starb.

In Kremsmünster entstand im Laufe des 17. und 18. Jahrhunderts der erste der ausgedehnten barocken Klosterpaläste Donau-Österreichs. Zuletzt kam die originelle Sternwarte hinzu, zugleich Observatorium, Naturhistorisches Museum und das „älteste Hochhaus Europas". Die Ritterakademie, 1744 von Kaiserin Maria Theresia bestätigt, wurde ein Träger der Aufklärung in Oberösterreich. Die 1000-Jahr-Feier 1777 brachte ein letztes großes Aufleuchten der barocken Lebenswelt. Im 19. Jahrhundert zählte das Gymnasium zu den angesehensten Schulen der Monarchie, einer der Schüler hieß Adalbert Stifter. Die NS-Zeit brachte die vorübergehende Aufhebung des Klosters. Von 1966 bis 1992 betreute das Stift die wichtigste Wallfahrtsstätte Österreichs, das steirische Mariazell. Ein Benediktiner aus Kremsmünster, P. Richard Weberberger, wirkt seit 1980 als Diözesanbischof im Nordosten Brasiliens.

In ihrer monumentalen Strenge, mit der schier endlosen Reihung der Fensterachsen, erinnern die Außenfassaden an den spanischen Escorial. Obwohl mehr als 150 Jahre lang am Kloster gebaut wurde, wirkt es wie aus einem Guss. Alexander a Lacu errichtete kurz nach 1600 in der Südwestecke der Stiftskirche den Abteitrakt und setzte damit den Maßstab für die weitere Barockisierung. Unter seinen Nachfolgern wurde der Gebäudebestand allmählich zum heutigen schlossartigen Komplex mit

Die beiden Kirchentürme und die Sternwarte geben der ausgedehnten Klosteranlage ein unverwechselbares Profil

sechs Höfen vereinigt. Doch erst das Eingreifen der Baumeister Carlo Antonio Carlone und insbesondere Jakob Prandtauer gab der wehrhaft wirkenden Anlage eine übergreifende Ordnung. Sie schufen die axiale Ausrichtung und sich steigernde Abfolge der Tore und Höfe. Die Hierarchie der Bauglieder unterstreicht der Wassergraben, der die äußeren Wirtschaftsbereiche vom inneren Klosterbezirk trennt. Nur die Stiftskirche als letztes und höchstes Glied war nicht mehr in die neue Mittelachse zu bringen.

Der hierarchisch gegliederte Bau der Sternwarte (1748–1758) ist ein Bild der göttlichen Schöpfungsordnung

Durch das Eichentor betritt man den Äußeren Stiftshof. Hier befindet sich der Eingang zum Fischkalter, einem Zweckbau (Fischbehälter) von bestechender künstlerischer Wirkung. Das Brückentor führt in den Prälatenhof. Über dem Gebälk drei Plastiken: Herzog Tassilo als Gründer in der Mitte, Kaiser Karl als Erhalter links und Kaiser Heinrich als Erneuerer rechts davon. Der Prälatenhof strahlt eine herrische Würde aus. Durch die vorgeblendete Fassade wahrt die Stiftskirche ihren Vorrang. Die dreischiffige, fünfjochige Basilika lässt im Inneren unter dem reichen Stuck ihre schöne spätromanische Struktur erkennen. Flämische Tapisserien umkleiden die Pfeiler und geben dem Raum ein dunkel-feierliches Gepräge. Ungewöhnlich ist die Gestaltung der Seitenaltäre. Wie in einer Gemäldegalerie werden über einfachen Altartischen kostbar gerahmte Bilder von Engeln gehalten. Die Skulpturen der Engel von Michael Zürn sind Meisterwerke barocker Plastik. Das Hochaltarbild mit der Verklärung Christi schuf der Münchner Hofmaler Andreas Wolff. Im alten Läuthaus des Südturmes ist der Gunther-Kenotaph sehr stimmungsvoll platziert. Die Grabplatte mit der Liegefigur des sagenhaften Sohnes Herzog Tassilos entstand um 1300. In den Klostertrakten um den Prälatenhof sind die Bibliothek und der Kaisersaal mit Deckenfresken von Melchior Steidl untergebracht. Stift Kremsmünster verfügt über bedeutende Sammlungen, darunter Schätze aus der Gründungszeit von wahrhaft kultischer Bedeutung: Der Tassilokelch, der in seiner Inschrift die Ehegemeinschaft Tassilos mit der langobardischen Königstochter Liutpirg feiert, die beiden Tassiloleuchter und der „Codex Millenarius" werden auch heute bei Hochfesten als liturgische Geräte verwendet.

Das Hochgrab des Gunther zeigt eine Liegefigur des toten Herzogssohns mit Eber und Jagdhund

Die Sage vom Herzogssohn

Nach der Sage verdankt Kremsmünster seine Gründung einem Jagdunfall. Ein Sohn Herzog Tassilos mit dem Namen Gunther sei bei einem Jagdausritt von einem Eber angefallen und tödlich verwundet worden. Der treue Hund holt den Herzog und führt ihn zum Leichnam. Der Herrscher verbringt trauernd die Nacht an seiner Seite. Da erblickt er im Wald einen Hirsch mit einem leuchtenden Geweih. Er nimmt dies zum Anlass, ein Kloster zu gründen, wo fortan für ihn und seine Familie gebetet werden soll.

Bis heute halten sich die Mönche von Kremsmünster daran und gedenken feierlich des Todestages ihres Stifters am 11. Dezember. Zwar wird nicht mehr wie einst jeder Pilger mit Ochsenfleisch versorgt – 1773 sollen 100 Ochsen für 23 000 Pilger geschlachtet worden sein. Aber mit barocker Pracht wird in der Stiftskirche ein Requiem gehalten.

Anstelle des Sarges erhebt sich ein 2 Meter hoher Katafalk, gekrönt mit den Symbolen der herzoglichen Würde. Ihn umstehen Totentanzfiguren, die mit Sensen und Stundengläsern an die Vergänglichkeit alles Irdischen gemahnen. Ministranten tragen die Tassiloleuchter herein, der Diakon verkündet das Evangelium aus dem Codex Millenarius, der Tassilokelch dient dem Abt beim Gottesdienst als Messkelch.

 Vom Maß der Speise

Die Bedeutung der Fischzucht für das Klosterleben erschließt sich durch einen Blick in die Benediktregel, die das „Fleisch vierfüßiger Tiere“ von der Speisetafel ausschließt. Sehr wohl zugelassen ist hingegen eine angemessene Menge Wein; wobei die Frage, was nun „eine Hemina“ genau ausmache, seit je her zu angeregten Gesprächen Anlass gibt.

Der Chorschluss der Stiftskirche stammt noch aus dem 13. Jahrhundert

„In allem achte man auf Genügsamkeit.
Auf das Fleisch vierfüßiger Tiere sollen alle verzichten, außer die ganz schwachen Kranken.

Jeder hat seine Gnadengabe von Gott,
der eine so, der andere so.
Deshalb bestimmen wir nur mit einigen Bedenken das Maß der Nahrung für andere.
Doch mit Rücksicht auf die Bedürfnisse der Schwachen meinen wir,
daß für jeden täglich eine Hemina Wein genügt.
Wem aber Gott die Kraft zur Enthaltsamkeit gibt, der wisse, daß er einen besonderen Lohn empfangen wird.
Zwar lesen wir, Wein passe überhaupt nicht für Mönche.
Aber weil sich die Mönche heutzutage davon nicht überzeugen lassen, sollten wir uns wenigstens darauf einigen,
nicht bis zum Übermaß zu trinken,
sondern weniger.“

 1200 Jahre Tradition im Weinbau

Seit der Gründung ist das Stift Kremsmünster mit dem Weinbau verbunden. Schon in der Stiftungsurkunde werden Weingärten bei Aschach an der Donau und an der Rodl erwähnt. Um 900 kamen die ersten Weingärten in Mautern an der Donau (gegenüber Krems) in den Besitz des Klosters, sie bilden noch heute den Grundstock. Die Weinbaufläche liegt überwiegend in der Wachau und umfasst etwas mehr als 20 Hektar. Seit 1949 wird das Weingut von Pächtern bewirtschaftet, die den Pachtwein an die Stiftskellerei (Kellermeister: P. Kilian Seiringer) abliefern.
Zu den bekanntesten Rieden gehören in Krems der „Steiner Hund“ (Riesling) und in der Wachau der Dürnsteiner Schütt (Grüner Veltliner). Vor einigen Jahren hat sich das Stift entschlossen, auch 10 Hektar Rotweinrieden zu erwerben. Seit 1990 wird im Stiftskeller Sekt nach der Champagnermethode hergestellt. Ein kleines Sortiment an Edelbränden rundet das Angebot ab.

Der Fischkalter verbindet klösterliche Lebensweise mit südlichem Stilgefühl

Stift Kremsmünster
Benediktiner (OSB), Österreichische Kongregation
A-4550 Kremsmünster
Tel: 07583/52750, Fax: 07583/5275159
Homepage: www.kremsmuenster.at/stift
E-Mail: stift@kremsmuenster.at

Anreise
Der Bahnhof Kremsmünster liegt an der Strecke Linz–Graz. Von Salzburg fährt man mit dem Zug bis Bahnhof Wels und weiter mit Bus Richtung Steyr. Der Autofahrer nimmt von der Westautobahn (A1) die Ausfahrt Sattledt, von der Phyrnautobahn (A9) aus Süden kommend die Abfahrt Ried im Traunkreis.

Gottesdienste
Chorgebet in der Stiftskirche: wochentags 12.00, So 18.00 (die übrigen Gebetszeiten sind nicht öffentlich).
Messfeier: wochentags 6.30 (Michaelskapelle) 7.00, 8.00 (Marienkapelle), Sa 19.00, So 7.00, 8.00, 9.00, 10.15 (Hochamt), 11.30, 19.00.

Besichtigungen
Führungen durch die Kunstsammlungen gibt es von Ostern bis Oktober täglich um 10.00, 11.00, 14.00, 15.00 und 16.00, Dauer rund eine Stunde, jeweils ab 4 Personen. Führungen in der Sternwarte (naturwissenschaftliche Sammlungen) von Mai bis Oktober täglich 10.00, 14.00 und16.00, Dauer rund 1–1½ Stunden, jeweils ab 4 Personen. Der Fischkalter ist von 9.00–17.00 offen. Winteröffnungszeiten, Kurzführungen, Kombiprogramme und Weinproben der Eigenbauweine auf Anfrage im Klosterladen oder über Tel.: 07583/5275151.

Angebote
Das Stift lädt in der Karwoche zum „Kloster auf Zeit" ein. Der Stiftertag am 11. Dezember sowie der Tag des hl. Agapitus am 18. August werden alljährlich festlich begangen. P. Florian Manhart bietet im Stift „Hagiotherapie" gegen Krankheiten an.
Das Öffentliche Stiftsgymnasium Kremsmünster ist ein Humanistisches Gymnasium mit Internat.
Die Stiftskellerei führt neben den Abfüllungen aus eigenen Lagen auch eine qualitätvolle Auswahl von Weinen aus dem In- und Ausland; daneben den Kiliani-Sekt, den Laurenzi-Bitter und verschiedene Liköre und Brände aus eigener Produktion (Tel.: 07583/527518).

Unterkunft/Verpflegung
Der Stiftsschank ist auf alle Anforderungen eingerichtet (Tel: 07583/7555). Montag ist Ruhetag. Unterbringung vermittelt das Tourismusbüro Kremsmünster (Tel.: 07583/7212).

Ausflugstipps
Die dem Stift Kremsmünster inkorporierten Pfarren hüten einige der schönsten Pfarrkirchen Oberösterreichs, die oft aus Anlass eines Stiftsjubiläums gebaut oder umgestaltet wurden. Die Filialkirchen Weigersdorf und Oberrohr zum Beispiel wurden 1476 gebaut und 1660–70 vorzüglich im Knorpelwerkstil ausgestattet. St. Georg in Pfarrkirchen bei Bad Hall wurde zum Jubiläum 1777 in einen lichten Barock-Rokoko-Raum umgewandelt. Lohnend ist ein Ausflug nach Steyr mit seinen prächtigen alten Bürgerhäusern und der benachbarten Wallfahrtskirche Christkindl von Carlone und Prandtauer.

Augustiner-Chorherrenstift St. Florian

Wie ein Kloster im frühen Mittelalter angelegt wurde, welche Aufgaben es zu erfüllen hatte, erfahren wir aus dem berühmten Idealplan des Klosters St. Gallen von 810. Er zeigt ein Großkloster mit all seinen Funktionen, eine regelrechte Klosterstadt. Dazu gehörten Gottesdienst und Sakramentenspendung, aber ebenso wirtschaftliche Selbstversorgung, medizinische und juristische Dienste, kulturelle und soziale Aufgaben. Eine solche Klosterstadt konnte sich nicht in Askese aus der Welt zurückziehen, sie war ein Lebenszentrum für das ganze Umland und sollte es auch sein. Rückzug aus der Welt – das galt noch viel weniger im Zeitalter des Barock, wenn auch der Rahmen sich ansonsten deutlich unterschied. Die Klöster waren längst Großgrundbesitzer, Feudalherren, mit all dem Licht und Schatten ihres Standes. In Österreich kam noch hinzu, dass der Kaiser selbst ihr Landesherr und Schirmvogt war, dem sie auf Reisen als „Kaiserpfalz" dienten. Die Anforderungen an einen Klosterbau hatten sich entsprechend gewandelt. Ein Kloster brauchte außer Kirche und Konvent auch ein herrschaftliches Entrée, einen vornehmen Ehrenhof, eine Flucht von Gästezimmern, einen rauschenden Festsaal, eine reiche Bibliothek. Die schönsten Schlösser in Österreich bauten Äbte und Prälaten. Vielen ging unterwegs das Geld aus, anderen gelang ein großer Wurf. Der Idealplan eines mittelalterlichen Klosters ist St. Gallen. Der Idealtyp eines österreichischen Barockklosters ist St. Florian.

Die Gründungsgeschichte des Chorherrenstiftes St. Florian verweist auf die frühesten Tage des Christentums im Donauraum. Die Krypta des Klosters bezeichnet den Begräbnisort des heilige Florian. Florianus war ein hoher römischer Beamter in Lauriacum (Enns) und der erste uns mit Namen bekannte Christ in der Provinz Noricum. Wegen seines Glaubens erlitt er im Jahre 304 den Märtyrertod durch Ertränken. Man kann annehmen, dass aus der Grabstätte ein Kultort wurde, an dem sich eine Priestergemeinschaft versammelte. Ihre Existenz ist ab dem 9. Jahrhundert bezeugt. Dieses weltliche Kanonikerstift wurde 1071 durch den Passauer Reformbischof verpflichtet, die Augustinusregel anzunehmen, die persönlichen Besitz nicht gestattet. Damals wurde Mariä Himmelfahrt zum Hauptpatrozinium der Kirche, der heilige Florian rückte an die zweite Stelle. Schon im Mittelalter hatte das Kloster rund 30 Pfarren zu betreuen. Die Ausstattung der mittelalterlichen Stiftskirche fand mit dem 1518 vollendeten Sebastiansaltar von Albrecht Altdorfer ihren künstlerischen Höhepunkt. Im 16. Jahrhundert hielt die Reformation Einzug. Die Pröpste der katholischen Erneuerung kamen überwiegend aus kleinen Verhältnissen. Gerade sie taten sich als repräsentationsbewusste Bauherren hervor. Der Sieg über die Türken bei Wien 1683 und die ein Jahr später von Kaiser Leopold I. unternommene Dankwallfahrt zum heiligen Florian gaben den Anstoß zum Neubau von Kirche und Stift. Carlo Antonio Carlone und Jakob Prandtauer schufen ein Hauptwerk des österreichischen Hochbarock. Unter Kaiser Joseph II. entging das Stift nur knapp der Aufhebung. Im 19. Jahrhundert wurde die „Florianer Historikerschu-

Die über 200 Meter lange Westfront des Stiftes lenkt den Blick auf die mächtigen Türme der Kirche

Die Bruckner-Orgel auf der Westempore hat 7343 Pfeifen und 103 klingende Register

le" eine Wiege der modernen österreichischen Geschichtsschreibung. Im Zweiten Weltkrieg wurde es als „Brucknerstift" konfisziert und diente zeitweise als Sitz des Reichsrundfunkintendanten. 1945 bezog das US-Armeekommando Quartier. 1949 wurde das Kloster den Chorherren zurückgegeben.

In erhabener Monotonie bietet die Westfassade ihre gewaltige Länge dem Besucher dar, unterbrochen nur von Bläserturm und Stiftsportal, dessen plastische Überfülle einen starken Kontrapunkt setzt. Ergänzt durch das leicht ansteigende Gelände entsteht so ein gewaltiger Sog zum Fluchtpunkt der Achse, der doppeltürmigen Kirchenfassade. Die Front der Kirche selbst wirkt eher uneinheitlich. Umso überzeugender gelang dem „Baudirektor der oberösterreichischen Stifte", Carlo Antonio Carlone, der Innenraum. Erstmals ohne Planungsvorgabe seines 1680 verstorbenen Vaters, löste er sich vom Schema des tonnengewölbten „Carloneraumes" und schuf eine Abfolge von mächtigen Kuppelbaldachinen, die auf kolossalen Wandsäulen ruhen. Die plastische Dekoration beschränkt sich auf die Wände und deren Gliederung, die Gewölbe sind – erstmals nördlich der Alpen – bar jeden Stucks. Sie wurden von den Münchner Malern Johann Anton Gumpp und Melchior Steidl farbig freskiert. Die Malereien zeigen im Langhaus Martyrium und Glorie des heiligen Florian, in Chor und Apsis ein marianisches Bildprogramm. Die große, klangberühmte Orgel schuf der Laibacher Orgelbauer Franz Xaver Krismann. Dass sie heute Bruckner-Orgel heißt, verdankt sie St. Florians prominentestem Zögling und Organisten. Anton Bruckner ist in der Gruft unter der Orgel bestattet, mit ihm die Gebeine von 6000 frühen Christen aus der Römerzeit.

Als Carlone 1708 starb, berief man als Nachfolger Jakob Prandtauer, der seit 1702 mit seinem zügig vorangehenden Bau von Stift Melk Fürsten und Prälaten das Staunen lehrte. Er führte das von Carlone bereits begonnene Treppenhaus weiter, das zum Stiftshof hin als weit vorspringender Risalit gestaltet ist. Mit wenigen Änderungen nahm Prandtauer Carlones Entwurf die tektonische Schwere und verwandelte es in ein hinreißendes Kunstwerk von südlicher Grazie. Zur Gänze Prandtauers Schöpfung ist der Marmorsaal. Er zählt in seiner Synthese von vornehmer Farbigkeit, Materialreichtum und festlicher Architektur zu den größten Leistungen des Barock. Das Deckenbild mit einer Apotheose des Sieges über die Türken malte Bartolomeo Altomonte nach einem Entwurf seines Vaters Martino. Abgerundet wird der Dreiklang der Pavillons durch die Bibliothek, die erst nach dem Tode Prandtauers von Gotthard Hayberger errichtet wurde. Das Ensemble von Treppenhaus, Marmorsaal und Bibliothek machen den Stiftshof von St. Florian zu einer Schöpfung von europäischem Rang. Den Kunstgenuss rundet ein Besuch der Kaiserzimmer und der Bildergalerie mit der großen Altdorfer-Sammlung ab.

O heiliger Sankt Florian

Wer heute vom heiligen Florian spricht, kennt ihn als Schutzpatron der Feuerwehr oder zitiert das so genannte Florians-Prinzip: „Heiliger St. Florian, verschon mein Haus, zünd andre an!" Doch die Popularität als Nothelfer bei Feuergefahr beruht schlicht und einfach auf dem Attribut, mit dem der Heilige seit über 500 Jahren dargestellt wird: einem Wasserbehälter. Er sollte ursprünglich nur die Art seines Martyriums, das Ertränken anzeigen.
Als in der Völkerwanderungszeit die christlichen Romanen vor den germanischen Eindringlingen flüchten, werden die Gebeine des heiligen Florian von der Donau nach Rom überführt. Im 12. Jahrhundert bittet der Bischof von Krakau den Papst, ihm einen Märtyrerleib als Schutzheiligen seiner Diözese zu überlassen. Papst Lucius nimmt drei in die engere Wahl: Laurentius, Stephanus und Florian. Als er die sterblichen Überreste des Laurentius und des Stephanus berührte, zeigen diese keine Reaktion. Daraus schließt er, dass sie lieber in Rom bleiben wollen. Beim heiligen Florian, so wird erzählt, findet man hingegen einen Zettel mit der Aufschrift: „Ich will nach Polen!"

Zur Ausstattung des Treppenhauses gehören auch die prachtvollen Eisengitter aus der Florianer Kunstschmiede

Im Spätmittelalter wird in St. Florian ein Hang, der bis unmittelbar vor den Kircheneingang reicht, abgegraben, um einen Vorplatz zu schaffen. Dabei stößt man auf das alte Gräberfeld des römischen Christenfriedhofes. Für die Menschen jener Zeit muss die Versuchung groß gewesen sein, in einigen der Überbleibsel Reliquien des heiligen Florian zu „entdecken". Doch die Chorherren nehmen Abstand von jeglicher frommen Lüge. Im Jahre 1968 bringt der

Krakauer Kardinal Karol Wojtyla, der spätere Papst Johannes Paul II., eine der Reliquien des Heiligen zurück in dessen oberösterreichische Heimat. Sie wird in den Hauptaltar der Stiftskirche eingefügt. 1971 wird Florian als das bestätigt, was er in den Herzen vieler schon längst gewesen ist: Man erklärt ihn zum Bistumspatron der Diözese Linz.

Bruckner in St. Florian

Geboren wird Bruckner in Ansfelden bei Linz als ältestes von 12 Kindern eines Schulmeisters mit kärglichem Einkommen. Pflichtbewusstsein, Disziplin und strenge Religiosität prägen sein Elternhaus. Zeitlebens sagt man ihm einen „Zug von Unbeholfenheit, gleichsam Dörflichkeit, Sonderbarkeit und Weltfremdheit" nach. 1837 stirbt der Vater. Am gleichen Tage noch geht der 13-jährige Anton an der Seite seiner Mutter den langen Weg von Ansfelden nach St. Florian. Er wird als Sängerknabe in die Stiftsschule aufgenommen. Mit dem Schritt durch den prächtigen Torbogen öffnet sich ihm eine neue Welt. Als Florianer Sängerknabe kommt er der zweitgrößten Orgel Österreichs beim Gottesdienst sehr nahe – kann dem Organisten auf Finger und Füße sehen, das Vibrieren der mächtigen Orgelpfeifen und die Vielfalt ihrer Tonfarben spüren. In St. Florian entscheidet sich sein weiterer Berufsweg. Auf die Frage des Probstes nennt er als Berufsziel Schullehrer. Später macht er sich Vorwürfe, nicht den Wunsch nach einem Studium geäußert zu haben. Seine Abschlussprüfung besteht er kurioser Weise in fast allen Fächern mit sehr gutem Erfolg, lediglich das Fach Orgelspiel fällt durch die Note „Gut" etwas ab. Die Ausbildung führt ihn von St. Florian weg, doch 1845 kehrt er als Hilfslehrer zurück. Täglich übt er vier bis sechs Stunden an der Orgel und wagt sich an seine ersten Kompositionen. Als er sieben Jahre später die Stelle eines Linzer Domorganisten antritt, hat er bereits 50 Werke geschaffen. 1868 geht er als Professor und k.k. Hoforganist nach Wien. Doch die Verbindung mit St. Florian reißt auch da nicht ab. Am Ostersonntag 1894, zwei

Das Deckenfresko der Bibliothek stellt die „Verbindung der Tugend mit der Wissenschaft" dar

Den Marmorsaal (hier ein Detail) schmücken Reiterbilder Karls VI. und des Prinzen Eugen

Jahre vor seinem Tod, setzt sich der kranke Bruckner gegen alle ärztlichen Verbote ein letztes Mal an die Krismann-Orgel von St. Florian und spielt, als wolle er von ihr Abschied nehmen.
In seinem Testament legt Anton Bruckner fest: „Ich wünsche, dass meine irdischen Überreste in einem Metallsarge beigesetzt werden, welcher in der Gruft unter der Orgel des regulierten lateranischen Chorherrenstiftes, und zwar unter der großen Orgel frei hingestellt werden soll, ohne versenkt zu werden." Und so geschieht es.

Stift St. Florian
Augustiner-Chorherren (Can. Reg.), Österreichische Kongregation
Stiftsstr. 1, A-4490 St. Florian
Tel.: 07224/89020, Fax: 07224/890260
Homepage: www.stift-st-florian.at
E-Mail: info@stift-st-florian.at

Anreise
Vom Linzer Hauptbahnhof fährt ein Bus nach St. Florian.
Die Wiener Westautobahn (A1) hat eine Ausfahrt St. Florian.

Gottesdienste
Chorgebet im Oratorium: 6.30, 12.10, 18.00.
Messfeier in der Stiftskirche: wochentags 7.00, Mi auch 19.00, So 7.00, 8.30, 10.00, 19.00.

Besichtigungen
Zwischen Ostern und Allerheiligen finden Mo, Mi, Do, Fr und So um 10.00, 11.00, 14.00, 15.00, 16.00 Führungen statt. Sie umfassen Stiftsbasilika, Bruckner-Sarkophag, Bibliothek, Marmorsaal, Kaiserzimmer, Altdorfer-Galerie. Für angemeldete Gruppen gibt es zusätzliche Führungen. Im Winter werden Führungen ab 10 Teilnehmern bzw. nach Voranmeldung durchgeführt.

Angebote
In St. Florian wird die Musikpflege groß geschrieben. Von Mai bis Oktober gibt es täglich (außer Samstag) um 14.30 das „Hörerlebnis Bruckner-Orgel"; das Orgelkonzert dauert 25 Min. Daneben finden im Sommer Stifts- und Hauskonzerte sowie Internationale Orgelkonzerte statt (Konzertkalender auf Anfrage). Am 4. Mai wird das Fest des heiligen Florian gefeiert.
Die St. Florianer Sängerknaben sind ein international geschätzter Knabenchor. Die Kinder wohnen im Stift, haben im Haus Gesangsunterricht und besuchen öffentliche Schulen (Informationen bietet die Homepage www.florianer.at.)

Unterkunft/Verpflegung
Das Stiftsrestaurant „Kellerstüberl" hat montags Ruhetag. Weitere Gaststätten sind in unmittelbarer Nähe. Eine Liste, auch der Übernachtungsmöglichkeiten, gibt es beim Tourismusverband (Tel.: 07224/5690).

Ausflugstipps
Bruckner-Freunde zieht es sicher ins Geburtshaus des Meisters nach Anfelden. Auf der Weiterreise empfiehlt sich ein Abstecher nach Enns, einem bürgerstolzen Städtchen, das im Zeitalter der Reformation eine Hochburg des Protestantismus war.

Biotop der guten Taten

Kloster Baumgartenberg

Zwischen den Ausläufern der Böhmischen Masse und der Donau breitet sich die fruchtbare Ebene des Machlandes aus. Hier stand eines jener Zisterzienserklöster, wie sie in Europas „bernhardinischem Zeitalter" zu Hunderten aus dem Boden wuchsen und heute nur noch Erinnerung sind: Baumgartenberg. Eine hohe Mauer umgibt das Areal, und auf den ersten Blick scheint es, als sei die Zeit darin stehen geblieben. Doch der Eindruck täuscht. Wie ein Vogelnest in einem abgestorbenen Ast hat sich ein Frauenkloster in den alten Gemäuern eingerichtet. Zwar ist die einstige Stiftskirche heute Pfarrkirche und gehört nicht mehr dazu, aber die Konventsgebäude und der alte Stiftspark sind dennoch erfüllt von neuem Leben. Die Schwestern vom Guten Hirten haben das Gelände nach und nach erobert mit allerlei guten Werken: Da ist die Wohngruppe für Mädchen in schwierigen Entwicklungsphasen, das Wohnheim für Behinderte, die Fachschule für wirtschaftliche Berufe, auch das Europagymnasium zählt dazu. Wer hinter die Fassade schaut, lernt, dass jede Mauer zwei Seiten hat: eine abwehrende und eine schützende. Hinter der Mauer von Baumgartenberg gedeiht ein Biotop der Nächstenliebe.

Das Kloster Baumgartenberg wurde im Jahre 1141 gegründet. Otto von Machland, dessen Ehe mit Jeuta von Peilstein kinderlos geblieben war, erfüllte sich damit einen lang gehegten Wunsch. Sein Grabdenkmal aus rotem Marmor steht im nördlichen Seitenschiff der Klosterkirche. Es zeigt die Relieffigur des 1148 gestorbenen Stifters mit Kirchenmodell und Wappen. Das Wappen der Herren von Machland wurde später zum Landeswappen von Oberösterreich. Otto übertrug das Kloster – noch zu Lebzeiten des heiligen Bernhard von Clairvaux – dem Zisterzienserorden. Die ersten Mönche kamen aus dem französischen Morimond. 1243 weihte der Passauer Bischof die Stiftskirche, die sich an den Formen der burgundischen Romanik orientierte. Kurz nach 1300 wurde der Westfassade eine frühgotische Eingangshalle vorangestellt. Während der Hussitenkriege wurde Kloster Baumgartenberg geplündert und in Brand gesteckt. Abt Stephan nutzte den Wiederaufbau Mitte des 15. Jahrhunderts zu einer durchgreifenden Neugestaltung. Die Kirche wurde um einen deutlich erhöhten spätgotischen Umgangschor ergänzt. Das Langhaus erhielt steile Satteldächer und einen Dachreiter. Im späten 17. Jahrhundert wurde der Innenraum mit einem Kleid aus Stuckbarock überzogen. Die Lichtfülle des Hallenchores ist freilich schon dem spätgotischen Umbau zu verdanken. Ungewöhnlich ist die Kanzel, die von einer plastischen Figur des heiligen Bernhard getragen wird. Aus seinem Leib wächst ein Baumstamm, zwischen dessen Zweigen herausragende Vertreter des Zisterziensertums wie Früchte angeordnet sind. Auch das reich geschnitzte Chorgestühl verdient Beachtung.

1784 hob Kaiser Joseph II. das Zisterzienserkloster auf. Die Stiftskirche wurde Pfarrkirche, sie wird seit 1889 von Franziskanern seelsorglich betreut. Die Klostergebäude dienten zunächst als Strafanstalt, waren danach vorübergehend im Besitz der Jesuiten, die sie 1865 an die Schwestern vom Guten Hirten

Die Mauern des alten Klosters bergen eine Vielfalt von Aktivitäten

weitergaben. Der Orden, 30 Jahre zuvor von der heiligen Maria Euphrasia Pelletier gegründet, kümmerte sich vor allem um in Not geratene Mädchen und Frauen. Die Schwestern gründeten auf dem Areal des ehemaligen Zisterzienserstiftes ein Mädchenheim sowie verschiedene Schulen und Ausbildungsstätten.

„Sie hat für Bruno Kreisky viel gebetet"

Sr. Germana erzählt von Sr. Angela Kreisky, die im Klosterfriedhof begraben liegt. Sr. Angela war eine Cousine Bruno Kreiskys. Sie wurde 1902 in Wien geboren und starb 1971 an Krebs.

Sie waren mit Sr. Angela Kreisky befreundet. Was war sie für ein Mensch?

Sr. Germana: „Sr. Angela war eine liebevolle und hilfsbereite Schwester, auch sehr bescheiden. Sie hatte etwas Naives, Unschuldiges an sich. Ich habe gerade ihre Kindlichkeit sehr geliebt. Sie wollte immer heilig werden und hat mich gefragt: ‚Was macht man, um heilig zu werden?' Und ich habe ihr gesagt: ‚Man beginnt jeden Tag wieder von neuem, Gottes Willen zu tun'. Und das hat sie sich sehr zu Herzen genommen. Als sie dann an Krebs erkrankte, sagte sie: ‚Ich bin mir meiner Lage bewusst, aber es ist der Wille Gottes.' Und ich dachte mir: Sie hat es geschafft. Wer seine Krankheit mit solch einer Ergebenheit trägt, ist heilig."

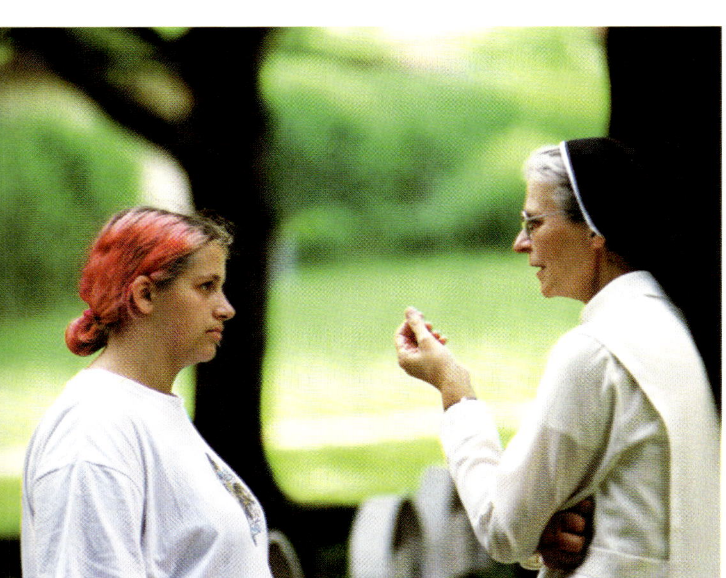

Sr. Angela Kreisky fiel als Jüdin unter die „Rassengesetze" und Mauthausen ist nur wenige Kilometer von Baumgartenberg entfernt. Wie hat sie die NS-Zeit überstanden?

Sr. Germana: „In allen Klöster mussten Namenslisten erstellt und den Nazis übergeben werden. Auf diese Weise haben sie herausgefunden, dass Sr. Angela aus einer jüdischen Familie stammte. Aber man konnte es so regeln, dass sie im Kloster bleiben durfte. Man sollte sie aber besonders hart arbeiten lassen. Natürlich haben die Schwestern das nur nach außen hin zugesagt, denn Sr. Angela war ein sehr zart gebautes Wesen."

Wie stand Sr. Angela zu ihrem Cousin Bruno Kreisky?

Sr. Germana: „Mit ihrem Cousin hatte sie persönlich keine Verbindung, wohl aber mit ihrem Onkel Julius Kreisky. Für ihren Cousin hat sie immer viel gebetet, besonders als er dann Bundeskanzler wurde. Sie sagte immer: ‚Wenn er nur gut regiert!' Sie hat ihr Leben und ihre schwere Krankheit für ihn aufgeopfert. Das hat sie mir einmal anvertraut."

In der Mädchenwohngruppe erproben junge Frauen den Weg in die Selbstständigkeit

rechte Seite: Das hoch ragende Dach des gotischen Hallenchors gibt der Zisterzienserkirche ihre charakteristische Silhouette

Kloster vom Guten Hirten Baumgartenberg
Internationale Kongregation Unserer Frau von der Liebe des Guten Hirten
A-4342 Baumgartenberg 1
Tel.: 07269/204, Fax: 07269/20436
Homepage: www.kloster-baumgartenberg.at
E-Mail: hirte@aon.at

Anreise
Der nächst gelegene Fernbahnhof ist St.Valentin, von dort weiter mit der Donau-Uferbahn bis Baumgartenberg. Von der Westautobahn A1 nimmt man von Westen her die Ausfahrt Ybbs, von Osten her die Ausfahrt Enns.

Gottesdienste
In der Klosterkapelle: wochentags 7.00 Messe, anschließend Laudes, 16.30 Vesper und Anbetung, So 9.00 Messe.
Messfeier in der Pfarrkirche (ehemalige Zisterzienserkirche): So 7.30, 9.30.

Angebote
Einzelgäste können Tage der Stille im Kloster verbringen. Auf Anfrage sind auch Ikonen-Malkurse möglich.
Das Europa-Gymnasium ist eine katholische Privatschule mit Schwerpunkt auf modernen Sprachen und Informatik (in der Oberstufe teilweise eine Fremdsprache als Arbeitssprache).

Unterkunft/Verpflegung
Gegenüber der Klosterpforte liegt das Gasthaus „Klosterwirt" (Mo Ruhetag). Gästezimmer im Kloster auf Anfrage.

Ausflugstipps
Wenige Kilometer östlich von Baumgartenberg liegt Burg Clam mit wertvollen Fresken aus dem 14. Jahrhundert. In Grein kann man das älteste Stadttheater Österreichs und die Pfarrkirche besuchen, deren Hochaltarbild von Bartolomeo Altomonte stammt. Am südlichen Ufer der Donau lockt die gotische Stiftskirche von Ardagger. Westlich liegt Mauthausen, dessen NS-Konzentrationslager seine Schatten auch auf Baumgartenberg warf.

Unser tägliches Barock

Benediktinerstift Melk

Als der kleine Bub, der ich einmal war, mit seinen Eltern die Donau bereiste und plötzlich Stift Melk vor sich erblickte, musste ihm niemand erklären, was er da sah. Vollendung muss man nicht begründen. Doch wie soll man sie beschreiben? Was macht Melk so unvergleichlich? Wer die Antwort sucht, muss den Blick schweifen lassen. Denn die Gestalt des Gebäudes entwickelt sich nicht aus abstrakten Prinzipien oder Theorien, sondern antwortet auf die Landschaft ringsum, überhöht sie, krönt sie, verwandelt sie. Wer mit eigenen Augen gesehen hat, wie das Stift auf seinem Bergrücken lagert wie ein mächtiges Tier, ganz verwachsen mit dem Fels, das Gesicht der Donau grüßend zugewandt – der versteht, was eine Kulturlandschaft ist. Und wer danach vom Stift herab durch Prandtauers geniale Bogenöffnung direkt auf die hässliche Narbe des 1982 gebauten Donaukraftwerks geschaut hat, der begreift, wie leicht man eine Kulturlandschaft zerstört. Tagaus, tagein pilgern die Schaulustigen hinauf zum Stift, um ihre Augen an der Barockpracht zu weiden. Tröstlich zu wissen, dass auch die Mönche dort oben sind. Ohne sie verlöre das Baudenkmal nicht seinen Wert als Wahrzeichen und Touristenmagnet. Doch es verlöre seine Seele.

Etwa 100 Jahre lang war Melk die Hauptburg und Grablege der Babenberger in Baierns östlicher Mark („Ostarrichi"). Seit 1014 hütete Melk auch die Gebeine des heiligen Koloman, eines ermordeten irischen Pilgers, der zum Schutzheiligen der jungen Mark wurde. Als die Markgrafen ihre Macht ausdehnten und ihren Sitz weiter nach Osten verlegten, vertrauten sie Melks geistliche Schätze einer Klostergründung an: Seit dem 21. März 1089 leben und wirken ohne Unterbrechung Benediktiner in Melk. 1297 verheerte ein Brand das Kloster, der den Niedergang des Klosterlebens im späten Mittelalter bedrohlich verschärfte. Das Konzil von Konstanz 1414 forderte eine Reform der Benediktinerklöster. Als Ausgangspunkt wählte man Melk. Unter Abt Nikolaus Seyringer wurde das erneuerte Kloster, in enger Verbindung zur Wiener Universität, ein geistig-religiöses Zentrum des Landes. Die „Melker Reform" breitete sich bald über ganz Süddeutschland aus. 100 Jahre später folgte, mit gegenteiliger Wirkung, die lutherische Reformation. Hätten nicht die habsburgischen Landesfürsten eingegriffen, wäre Stift Melk die Auflösung nicht erspart geblieben. Von Tegernsee, wo die Melker Reform überdauert hatte, brachten Mönche den klösterlichen Geist zurück.

1700 wurde mit Berthold Dietmayr ein Abt gewählt, der die Bauleidenschaft seiner Zeit mit Tatkraft und Augenmaß verband. In Jakob Prandtauer fand er einen kongenialen Architekten. Die bauliche Herausforderung lag in der Ostung der Kirche, deren Eingang zum unzugänglichen Westrand des Felsplateaus weist und dem Klosterbezirk den Rücken zukehrt. Prandtauers Lösung variiert das Escorial-Schema einer zentralen kuppelüberwölbten Kirche, das er, durch die Geländeformation herausgefordert, völlig frei interpretiert. Der Zugang im Osten, ein von Bastionen flankierter Torbau, führt über den Vorhof zum Prälatenhof. Wie zur Selbstbesinnung mahnt über dem palastartigen Eingang eine Inschrift: „Nur im Kreuz sei Ruhm." Genau in der Achse taucht hinter dem ausgedehnten Prälatenhof die vom Kreuz bekronte Kuppel der Kirche auf. Sie wird nördlich flankiert vom Klostergeviert und der Bibliothek, südlich von der langen Flucht der Kaiserzimmer, die im Marmorsaal mündet. Außen entspricht dem die 320 Meter lange Südfront über der Stadt, die in ehrfurchtgebietender Monotonie zur formenreich gesteigerten Schaufassade im Westen leitet. Marmorsaal und Bibliothek (beide von Paul Troger freskiert) umgreifen die Kirchenfassade und bilden mit dem geschwungenen Altan als Verbindungsmauer einen Hof, der sich in einem großen Palladio-Motiv zur Donau hin öffnet. Der kaiserliche und der klösterliche Flügelbau halten die Kirche in die Donaulandschaft hinaus wie einen kostbar gefassten Edelstein. Im Kircheninneren verdichten sich die in Schwingung versetzte Wandstruktur und die Prandtauersche Farbigkeit zu einem unerhört festlichen Raumerlebnis, das man als „Audienzsaal Gottes" treffend beschrieben hat. Das Bildprogramm der Ausstattung (Antonio Beduzzi und Antonio Galli-Bibiena) verherrlicht die streitende und siegende Kirche, personifiziert in den großartigen Figuren der Kirchenpatrone Petrus und Paulus im Hochaltar. Das Deckenfresko mit dem Triumph des heiligen Benedikt schuf Johann Michael Rottmayr. Die Tambourkuppel gewährt einen Blick ins Himmelreich: Nach dem rechtmäßigen Kampf wird der große Sieg zuteil.

Zwei Jahre nach Fertigstellung des Aufsehen erregenden Baus fielen beträchtliche Teile 1738 einem Brand zum Opfer. Abt Berthold ordnete sofort den Wiederaufbau an, überlebte die Katastrophe aber nur um Monate. Joseph Munggenast gab den Kirchtürmen neue, vorteilhafte Rokokohelme. Der entzückende Gartenpavillon stammt von Franz Munggenast. Das 20. Jahrhundert fügte eine streng im Konzilsgeist gestaltete Konviktskapelle von Ottokar Uhl hinzu (heute stark verändert und Benediktuskapelle genannt). Die Wandmalereien im Taufraum der Kapelle und im Prälatenhof schuf Peter Bischof.

 Melk und die Nibelungen

Im Dezember 1997 machte die Melker Stiftsbibliothek einen sensationellen Fund. Im Falz einer Handschrift wurden Fragmente des um 1200 entstandenen Nibelungenliedes entdeckt. Der Fund deutet darauf hin, dass die Benediktiner von Melk eine eigene frühe Abschrift der Dichtung besaßen. Der darauf erhaltene Text stammt aus dem 20. Aventiure (Abenteuer) des Nibelungenliedes. Er beschreibt, wie Markgraf Rüdiger von Bechelaren (Pöchlarn) mit

Auch beim Blick in den Prälatenhof behauptet die Kirche ihre beherrschende Stellung

Die letzte ausgeführte Tambourkuppel des österreichischen Barock führt den Blick über drei Ebenen in schwindelnde Höhen

großem Gefolge nach Worms reitet, um im Auftrag des Hunnenkönigs Etzel (Attila) um die Hand Kriemhilds anzuhalten. Etwa 150 Strophen später, in der 21. Aventiure, erzählt das Heldenepos, wie Rüdiger und Kriemhild auf der Reise zu König Etzel in Medelicke (Melk) Halt machen. Sie werden vom Melker Burgherrn Astolt mit Wein aus goldenen Gefäßen bewirtet. Melk/Medelicke tritt als Eingangstor ins „Osterlant" in Erscheinung. Hier verabschiedet sich Bischof Pilgrim von Passau. An seiner Stelle geleitet Astolt den Hochzeitszug die Donau entlang bis Mautern. In Wien findet schließlich die Hochzeit zwischen Kriemhild und Etzel statt.
Die genauen Ortsangaben zeigen, dass der Dichter die Landschaft gut kennt. Ihm ist die Vorgeschichte Melks als Burg bekannt und er weiß vom Weinbau, der für die Gegend schon früh bezeugt ist. Man vermutet daher, dass er aus dem Donauraum stammte und im Dienste des Bischofs von Passau stand.

„Wir wollten die ganze Pracht verkaufen"

Altabt Dr. Burkhard Ellegast wurde in Melk als Sohn eines Stiftsmitarbeiters geboren. Schon als Kind erkundete er auf verbotenen Streifzügen die Winkel und Dächer des Klosters. Er besuchte das Stiftsgymnasium, trat in den Konvent ein und war 26 Jahre lang Abt von Melk.

Sie sind durch die fast zwanzigjährige Restaurierung des Stifts einer der großen Melker Bauherren geworden. Wie würden Sie rückblickend diese Zeit beschreiben?

Altabt Burkhard: „Das Amt des Abtes kam 1975 sehr überraschend für mich. Ich wusste, dass ich damit eine große wirtschaftliche Verantwortung auf mich lade – und um solches hatte ich mich vorher mit Genuss nicht gekümmert. Dann ist mir auch noch die Restaurierung des Stiftes auf den Kopf gefallen. Ich musste mich tief in ein gewaltiges Unternehmen hineinknien, mit Bund und Land verhandeln, Geld auftreiben und Ähnliches. Ich denke, das Stift hat sich dabei ganz gut aus der Affäre gezogen. Aber das war ‚ein äußerlich Ding'. Wichtiger war mir, dass das Haus immer mehr ein geistlich-kulturelles Zentrum wird, dass es für die Gegend, in der es steht, zu einem Ort wird, wo die Menschen religiös auftanken können."

Auch im Kloster ist nicht immer Fasttag (links Altabt Burkhard Ellegast)

Was bedeutet Ihnen das Bauwerk selbst, das Stift Melk weltberühmt gemacht hat?

Altabt Burkhard: „Heute ist es mir zur Heimat geworden. Als ich jung war, hatte ich ein ganz anderes Verhältnis dazu. Als Theologiestudenten hatten wir das Gefühl, es wäre das Beste, wir würden die ganze Pracht verkaufen und an einem geeigneten Ort ein neues, praktisch eingerichtetes Haus bauen, in dem man seine Ruhe hat. Aber dann haben wir immer besser verstanden, was wir an unserem Kloster haben. Als junger Priester habe ich gesehen, wie es auf die Menschen wirkt, wenn sie hier sein und ganz ungezwungen mit uns umgehen können. Und ich habe verstanden, dass wir ein Erbe verwalten, das wir lebendig halten müssen. Das Bauwerk verkündet einen Glauben – und wir als Konvent versuchen, diesen Glauben zu leben."

Welchen Weg sind Sie dabei gegangen?

Altabt Burkhard: „Jedes Kloster hat sein eigenes Profil. Bei uns ist das Gymnasium der zentrale Punkt, der unser ganzes Leben auch als Gemeinschaft prägt. Wenn Melk ein geistig-kulturelles Zentrum ist, so nährt sich dieses Zentrum hauptsächlich von der Schule her. Die Schüler bleiben auch nach der Matura mit uns verbunden. In der Osternacht sind über tausend Menschen bei uns in der Kirche, und darunter sehr viele ehemalige Schüler. Ich weiß nicht, wie oft sie sonst zur Kirche gehen, aber in der Osternacht sind sie bei uns."

Die Kirche in Österreich hat unruhige Jahre hinter sich, wirkt sich das auch auf die Klöster aus?

Altabt Burkhard: „Bei uns in der Diözese St. Pölten gibt es acht Klöster, die einen beträchtlichen Teil des

Der Gartenpavillon von Franz Munggenast wurde kürzlich restauriert

Pfarrklerus stellen. Diese acht Klöster sind bei den Gläubigen hoch angesehen. Man erwartet viel von uns, manchmal zu viel. Doch eines ist gewiss: Unsere Türen sind offen für jeden, der anderswo Schwierigkeiten hat, aber Heimat und Gemeinschaft in der Kirche sucht."

Die benediktinische Gastfreundschaft

Eine der wichtigsten Eigenschaften für ein Benediktinerkloster ist die Gastfreundschaft. Die Regel des heiligen Benedikt sagt dazu:

> „Alle Fremden, die kommen, sollen aufgenommen werden wie Christus; denn er wird sagen: ‚Ich war fremd, und ihr habt mich aufgenommen.' Allen erweise man die angemessene Ehre, besonders den Brüdern im Glauben und den Pilgern.
>
> Sobald ein Gast gemeldet wird, sollen ihm daher der Obere und die Brüder voll dienstbereiter Liebe entgegen eilen.
> Hat man die Gäste aufgenommen, nehme man sie mit zum Gebet; dann setze sich der Obere zu ihnen oder ein Bruder, dem er es aufträgt.
>
> Abt und Gäste sollen eine eigene Küche haben; so stören Gäste, die unvorhergesehen kommen und dem Kloster nie fehlen, die Brüder nicht."

„Nicht jammern, wenn die Menschen kommen"

P. Martin Rotheneder ist der „gute Geist" des Klosters. Er ist zuständig für die Betreuung der Touristen, aber auch für die liturgische Gestaltung der Gottesdienste. Selbst im größten Wirbel bleibt er ruhig, freundlich und behält den Überblick.

Wenn man die Besuchermassen sieht – wird Ihnen das nicht manchmal zu viel?

P. Martin: „An Wochenenden im Sommer sind es tatsächlich Massen, die durch das Stift geführt werden wollen. Manchmal ist so ein Tag anstrengend, das gebe ich zu. Aber grundsätzlich gesehen, finde ich es schön, an einem Ort zu leben, der Menschen anzieht. Wenn die Klöster oder Kirchen von den Menschen gemieden würden, wäre uns das sicher auch nicht recht. Wir müssen aufpassen, dass wir nicht in ein falsches Wehklagen ausbrechen. Wenn wir den Menschen spirituelle Orte anbieten, dürfen wir nicht jammern, wenn sie dann auch wirklich kommen."

Von welchen Überlegungen hat sich das Kloster beim Umgang mit den Besuchern leiten lassen?

P. Martin: „Nach der Restaurierung des Klosters hat sich die Besucherzahl wesentlich erhöht. Wir haben deshalb einen neuen Parkplatz gebaut. Es hat sich als sehr gut herausgestellt, dass die Busse und Autos ein Stück vom Stift entfernt geparkt werden und die Menschen ein paar Schritte machen müssen. Diese Schritte sind eine wichtige Vorbereitung auf das Gebäude. Wir haben dann eine neue Führungslinie durch das Stift entwickelt. Auch das Stiftsmuseum ist eine Vorbereitung, eine inhaltliche Annäherung an das Stift. Danach betritt man den Marmorsaal, die Bibliothek und als Höhepunkt zuletzt die Kirche – eine schrittweise Steigerung, die der Architekturidee des Gebäudes entspricht."

Der ehemalige Stiftspark war bis vor kurzem völlig verwildert. Haben Sie bei der Wiederherstellung Überraschungen erlebt?

P. Martin: „Die Barockzeit hatte die Architektur des Stiftes in eine durchdachte Gesamtanlage eingebettet. Doch seit Jahrzehnten war in unserem Park nichts mehr gemacht worden. Die Wege waren überwuchert und kaum noch erkennbar. Man entdeckt hier im Haus immer wieder eine Dreiersymbolik. In der Stiftskirche zum Beispiel gibt es eine dreifache Höhenstaffelung – vom Gewölbe des Langhauses zur Kuppel und zur Laterne. In der Laterne sieht man die Taube als Symbol des Heiligen Geistes. Bei der Beschäftigung mit dem ebenfalls auf drei Niveaus angelegten Park hat sich nun herausgestellt: Wenn man durch den Berührungspunkt zwischen Stiftsgebäude und Garten eine Spiegelachse legt und das Gebäude sozusagen auf den Park umklappt, berührt die Laterne mit dem Heiligen Geist genau den Punkt in der dritten Etage des Parks, wo das Wasserbecken ist. Der Heilige Geist und das Wasser – beide stehen für das Leben, das geistliche und das weltliche."

rechte Seite: Sonnenaufgang über einem der schönsten Donauklöster

Franz Rosenstingls Ansicht von Stift Melk aus dem Jahre 1750 zeigt die barocke Gartengestaltung

Stift Melk

Benediktiner (OSB), Österreichische Kongregation
Abt-Berthold-Dietmayr-Str. 1, A-3390 Melk
Tel.: 02752/555, Fax: 02752/55552
Homepage: www.stiftmelk.at
E-Mail: kultur.tourismus@stiftmelk.at

Anreise

Der Bahnhof Melk liegt an der Strecke Wien–Salzburg. Auch die Autobahn (A1) und die B1 führen über Melk.

Gottesdienste

Chorgebet: 6.15 (So und schulfreie Zeit 7.00), 12.00, 18.05 (Sa 17.00, So 18.30). Die Gebetszeiten werden in der Chorkapelle gehalten, mit Ausnahme der Mittagshore (von April bis Oktober) und der Sonntagsvesper (jeweils in der Stiftskirche).
Messfeier: Sa 17.30 Jugendmesse (Benediktuskapelle); So 7.00, 9.00 (Konventamt), im Sommer auch 11.00 (jeweils in der Stiftskirche).

Besichtigung

Von Ende März bis Anfang November ist die Besichtigung täglich (9.00–17.00) mit und ohne Führung möglich. Führungen gibt es zu jeder vollen Stunde zw. 10.00 und 15.00 sowie nach Bedarf, bei Gruppen wird Voranmeldung dringend erbeten. Im Winter ist die Besichtigung nur im Rahmen einer Führung möglich, und zwar täglich 11.00 und 14.00, für Gruppen zusätzlich nach Voranmeldung (Tel.: 02752/555232).

Angebote

Das Stift bietet für religiöse Gruppen, Schüler und Jugendliche Veranstaltungen und Einkehrtage. Informationen dazu gibt es beim Gastpater (Tel.: 02752/555460 oder gastpater@stiftmelk.at). Zum Konzertprogramm gehören die Internationalen Barocktage zu Pfingsten sowie „Nächtliche Konzerte" und Orgelkonzerte im August.
Das Stiftsgymnasium zeichnet sich durch große Beliebtheit aus (berühmtester Altmelker ist Kardinal Franz König).
Die Stiftsweingärten sind an das Weingut Jamek, einen der führenden Wachauer Winzer, verpachtet.

Unterkunft/Verpflegung

Das Stiftsrestaurant (mit Gartenterrasse und Schirmbar) ist im Stile der einstigen Orangerie rekonstruiert worden (Tel.: 02752/52555). Auskünfte über Hotels und Gaststätten im Ort erteilt das Tourismusbüro der Stadt Melk (Tel.: 02752/52307410).

Ausflugstipps

Für die Schallaburg und Schloss Artstetten bietet Stift Melk Kombikarten an. Der Erbauer der Schallaburg, Hans Wilhelm von Losenstein, zählte zu den führenden Persönlichkeiten des österreichischen Protestantismus. Schloss Artstetten ist Begräbnisort von Erzherzog-Thronfolger Franz Ferdinand und Sophie Gräfin Chotek. Aufsuchen sollte man auch die herrlich gelegene Wallfahrtskirche Maria Taferl und den Schnitzaltar in der Pfarrkirche von Mauer. Die Wachau per Schiff erleben kann man täglich auf der Strecke Krems–Melk mit Halt in Dürnstein und Spitz, Auskünfte gibt die Blue Danube Schifffahrt (Tel.: 01/588800 oder www.ddsg-blue-danube.at).

Die Stadt auf dem Berg

Benediktinerstift Göttweig

Es ist das Ideal des heiligen Benedikt, das Urbild eines Klosters: die helle Stadt Gottes auf dem Berg. „So soll euer Licht vor den Menschen leuchten, damit sie den Vater im Himmel preisen", heißt es bei Matthäus. Zu allen Zeiten haben die Menschen so empfunden. Schon im 6. Jahrhundert vor Christus befand sich auf dem Göttweiger Berg eine keltische Kultstätte. Der Name „Göttweig" wird auch übersetzt mit „gottgeweihter Berg". Der Passauer Reformbischof Altmann gründete dort ein Kloster als Zeichen der religiösen Erneuerung. „Eine Stadt, die auf einem Berg liegt, kann nicht verborgen bleiben", sagt der Evangelist. Als der Nachbar und ewige Konkurrent Melk im 18. Jahrhundert seinen spektakulären Neubau wagte, antwortete Göttweig mit einem noch gewaltigeren, schlechthin unübertrefflichen Plan: einer barocken Idealstadt von vollkommener Symmetrie, die, auf mächtigen Bastionen, wie eine uneinnehmbare Festung das Umland beherrscht. Doch das Vorhaben sprengte den Rahmen des materiell Möglichen. Der große Traum von der gebauten Civitas Dei blieb unvollendet. Vielleicht ist es gut so. Göttweig ist ein Buch, das zu lesen Phantasie verlangt. Aus dem eindrucksvollen Torso steigt das Gebet der Mönche zum Himmel auf. Hier erwarten sie den Tag, der alles vollendet. „Da entrückte mich der Engel auf einen hohen Berg und zeigte mir die heilige Stadt Jerusalem, wie sie von Gott her aus dem Himmel kam."

Bischof Altmann von Passau weihte 1083 die Kirche des Klosters Göttweig, das er als Chorherrenstift nach dem Vorbild von St. Nikola in Passau gegründet hatte. Drei Jahre nach Altmanns Tod wurde das Stift in ein Benediktinerkloster umgewandelt. An der reichen Ausstattung mit Pfarren und den damit verbundenen Seelsorgeaufgaben änderte das nichts. Die Abtei nahm im 12. Jahrhundert Einfluss auf die Reform anderer Benediktinerklöster in Österreich nach dem Vorbild von St. Blasien im Schwarzwald. Im 15. Jahrhundert bekam die ausgedehnte Klosteranlage auf dem Göttweiger Berg ein spätgotisches Gesicht; damals wurde auch die Stiftskirche neu gebaut. Der äußerlichen entsprach die innere Erneuerung durch Anschluss an die Melker Reform. Im 16. Jahrhundert machte die Reformation ihre Früchte wieder zunichte. 1561 stellte ein Visitationsbericht fest, Göttweig „nullum habet Religiosum". Der Neuanfang wurde durch einen Klosterbrand 1580 und eine Pestepidemie 1596 zusätzlich erschwert. Doch tüchtige Äbte überwanden auch diese Rückschläge.

Göttweigs Glanzzeit ist untrennbar verbunden mit Abt Gottfried Bessel (1714–1749) und dem von ihm veranlassten Neubau des Stiftes. Ein verheerender Brand 1718 gab den Anlass dazu. Jakob Prandtauer und Balthasar Neumann reichten Pläne ein, doch das Rennen machte Johann Lukas von Hildebrandt. Die guten Beziehungen Bessels zum Reichsvizekanzler Friedrich Carl von Schönborn dürften ausschlaggebend gewesen sein, dass der Lieblingsarchitekt des Wiener Adels den Vorzug erhielt. Hildebrandt griff auf das klassische Escorial-Schema zurück, das er in exponierter Lage auf der Bergkuppe über mächtigen Substruktionen frei entwickelte. Wie beim spanischen Vorbild sollte eine von fünf Höfen

umschlossene, kuppelbekrönte Kirche das bauliche und geistige Zentrum bilden. Doch nach einigen Jahren verloren die Arbeiten an Schwung; 1725 legte Hildebrandt die Bauleitung nieder, bald darauf waren die Mittel erschöpft. Innerhalb des Konvents muss es auch Zweifel am vernünftigen Sinn des ganzen Unternehmens gegeben haben. In einer letzten Anstrengung wurde noch eines der beiden vorgesehenen Stiegenhäuser errichtet – die weiträumigste Treppenanlage des österreichischen Barock. Dann kam der Bau im Wesentlichen zum Erliegen. Zur Jahrhundertmitte wurde die Kirchenfassade, zur 700-Jahr-Feier des Stiftes 1783 der Südtrakt in Angriff genommen – beides blieb Stückwerk. Der Josephinismus erlegte dem Konvent eine Obergrenze von 18 Mitgliedern auf und erhöhte zugleich die Zahl der zu betreuenden Pfarren auf 31. Im Zweiten Weltkrieg litt das Stift unter Enteignung, Zweckentfremdung und Plünderung. Nach dem Krieg wurde der Fortbestand des zusammengeschmolzenen Konvents in Frage gestellt, bevor in den siebziger Jahren ein Aufschwung einsetzte, der das Stift heute zu einem der größten in Österreich macht.

In den vergangenen zwei Jahrzehnten wurde das Stift umfassend restauriert, wobei die Fassaden ihre ursprüngliche Farbgebung (Rosa-Beige) zurück erhielten. Man betritt den Bau von Norden her und durchmisst zunächst eine Informationsausstellung über die Göttweiger Benediktiner. Im Hof vor der Stiftskirche kann man sich einen Überblick über den Ausführungsgrad der einzelnen Bauteile verschaffen. Im südlichen Bereich befinden sich noch Reste der mittelalterlichen Anlage wie das so genannte Schloss und die rekonstruierte Erentrudiskapelle. Die Nordhälfte ist weitgehend nach den Plänen Hildebrandts vollendet. In der Nordwestecke wird der barocke

Göttweig hat man das „österreichische Montecassino" genannt

Die Kaiserstiege ist die weiträumigste Treppenanlage der österreichischen Barockarchitektur

Neubau durch die repräsentative Kaiserstiege abgeschlossen, deren drei Arme von einem Deckenfresko Paul Trogers überwölbt werden. Es zeigt Kaiser Karl VI. als Musengott im Sonnenwagen. Das geplante Pendant über der nicht ausgeführten Mönchsstiege sollte den Triumph des heiligen Benedikt zum Thema haben. Die Kaiserstiege, eine der großen Treppenanlagen Europas, führt in die Schauräume des Kaisertraktes. Der Altmannisaal zeigt in lehrreicher Gegenüberstellung auf zwei Veduten die Göttweiger Klosterstadt vor dem Brand 1718 und den Hildebrandtschen Idealplan. Das Zentrum des Klosters bildet auch im unvollendeten Zustand die Stiftskirche Mariä Himmelfahrt. Ihre Fassade, obwohl eher eine Verlegenheitslösung, zeigt interessante frühklassizistische Tendenzen. Das Innere überrascht durch seine steilen Proportionen, die belegen, dass der Brand die gotische Bausubstanz der Kirche weitgehend verschont hat. Ungewohnt, aber reizvoll ist die Farbigkeit des Raumes, die auf das 19. Jahrhundert zurück geht. Das Hochaltarbild stammt von Andreas Wolff. In der spätgotischen Krypta findet der Beter das Göttweiger Gnadenbild und den Reliquienschrein des Stifters St. Altmann.

Ein schmaler und steiler Pfad

Nach dem Bericht der *Vita Altmanni* ging die Gründung des Klosters Göttweig so vor sich:

„Als Bischof Altmann eines Tages in Mautern weilte und den lieblichen Berg von ferne sah, erkundigte er sich bei den Einwohnern nach dessen Beschaffenheit. Da ihm diese einige fast unglaubliche Dinge erzählten, ließ er sein Maultier satteln und erstieg heiteren Sinnes, von einer großen Menschenmenge begleitet, auf einem schmalen und steilen Pfad den Berg. Das hatte, wie ich glaube, seine Vorbedeutung: dass nämlich jene Menschen, die später auf diesem Berg Gott dienen wollten, gleichsam nur auf engem und beschwerlichem Weg zum Himmel emporsteigen könnten. Auf dem ganzen Berge umherwandernd, erblickte Altmann einen geräumigen Platz, der ihm für die Anlage eines Klosters passend erschien. Während er überlegte, welchem Heiligen er dieses vornehmlich zueignen könnte, rieten ihm die einen, es zu Ehren des heiligen Michael als dem Vorsteher des Paradieses zu weihen, die anderen wollten das Patronat dem heiligen Petrus als dem Himmelspförtner übertragen. Da kam plötzlich ganz unerwartet ein Bote der Herzöge von Böhmen und überbrachte dem Bischof eine kostbare Tafel, auf der in wertvoller griechischer Ziselierarbeit das Bildnis der heiligen Gottesmutter dargestellt war. Gleichsam als wäre dieses Bild auf göttliche Weisung geschickt worden, verehrte es der gottgeliebte Bischof mit einem Kuss, stimmte das *Te Deum laudamus* an und weihte die Stätte alsogleich auf den Titel der heiligen Maria.“

Die historische Hintergrund für die Stiftung des Eigenklosters Göttweig durch Bischof Altmann war kirchenpolitischer Natur. Was St. Nikola in Passau für den Westen seines riesigen Bistums bedeutete, sollte Göttweig für den Osten leisten: durch vorbildhaftes Zusammenleben die Erneuerung des Klerus voranzutreiben. Als Altmann auf der Seite des Papstes aktiv in den Investiturstreit eingreift, kann er sich in Passau nicht mehr halten und übt sein Bischofsamt von Göttweig aus. 1091 stirbt er und findet in der Göttweig seine Ruhestätte, wo er bald wie ein Heiliger verehrt wird. Ein formelles Heiligsprechungsverfahren wird nie eingeleitet, der Kult für Passau, Linz, St. Pölten und Wien im 19. Jahrhundert aber offiziell zugelassen.

Enteignet, vertrieben, geplündert

Im Jahre 1939 wird Stift Göttweig beschlagnahmt und der Stadt Krems übereignet. Der Konvent wird nach Unternalb vertrieben. Abt Hartmann Strohsacker und viele Mitbrüder erleiden Verhaftungen und Mißhandlungen. Die Stadt Krems räumt Bücher, Handschriften und Kunstsammlungen, ja selbst das Chorgestühl der Kirche aus. 1943 richtete man in

Die erhöht liegende Erentrudiskapelle erinnert an die Gründungszeit des Klosters

den Stiftsgebäuden eine „Nationalpolitische Erziehungsanstalt" ein. Das Göttweiger Wappen über dem Eingangstor wird weggemeißelt, stattdessen Reichsadler und Hakenkreuz angebracht. Die Schüler treiben so manche üble Scherze, zerstören Heiligenfiguren und benutzen Kruzifixe auf dem Bergfriedhof als Zielscheiben für Schießübungen. Im Mai 1945 erreichen sowjetische Armeeverbände das Stift. Russische Offiziere bringen am Kirchenportal das Bild Josef Stalins an. 3000 Soldaten werden einquartiert, einige machen vor Plünderungen nicht Halt. Kapellen werden aufgebrochen, Altäre und Tabernakel zerstört, Pfeifen aus der Orgel gerissen, Messgewänder zerrissen und weggeworfen. Als der Abt in das Stift zurückkehrt, findet er das Haus in einem Zustand der Verwüstung. Die Fensterscheiben sind eingeschlagen, die Türen aufgesprengt, die Zellen ausgeräumt, auf den Gängen liegen Abfälle, Stroh und Unrat. 1946 stirbt Abt Hartmann Strohsacker. Nach seinem Tod werden Zweifel an der Zukunft des Konventes laut. Dem Stift stehen schwere Nachkriegsjahre bevor. Die größte Belastungsprobe aber ist der fehlende Nachwuchs. Dem tatkräftigen Abt Wilhelm Zedinek gelingt es, die wirtschaftliche und personelle Durststrecke zu überwinden, Göttweig lebt neu auf. In der Amtszeit von Abt Clemens Lashofer (seit 1973) verdoppelt sich der Konvent und zählt heute über 60 Mönche.

rechte Seite: Das Deckenfresko der Kaiserstiege verherrlicht Karl VI. als göttergleichen Förderer der Künste

Die Fassade der Stiftskirche erhielt Mitte des 18. Jahrhunderts ihr heutiges Aussehen

Stift Göttweig
Benediktiner (OSB), Österreichische Kongregation
A-3511 Furth bei Göttweig
Tel.: 02732/85581231, Fax: 02732/85581244
Homepage: www.stiftgoettweig.at
E-Mail: tourismus@stiftgoettweig.at

Anreise
Von Krems erreicht man Göttweig mit Bahn und Bus, von St. Pölten mit der Bahn bis Furth bzw. Paudorf, von dort Busverbindung nach Göttweig. Mit dem Auto erreicht man Stift Göttweig von der Westautobahn (A1) über die S 33, Abfahrt Mautern. Von Wien nimmt man auch die Schnellstraße B3 über Krems.

Gottesdienste
Chorgebet ist um 6.00 (So 6.30), 12.00, 18.00, 19.10.
Messfeier: wochentags 6.45 Konventmesse, So 7.30, 10.00.

Besichtigungen
Das Museum im Kaisertrakt ist von 21. März bis 15. November täglich von 10.00 – 18.00 geöffnet (im Sommer ab 9.00). Führungen täglich um 11.00 und 15.00, zusätzlich Führungen für Gruppen nach Anmeldung.

Angebote
Im Exerzitienhaus St. Altmann werden Kurse, Einkehrwochenenden, Schweige- und Einzelexerzitien und Bibelschule abgehalten. Information und Anmeldung über Tel.: 02732/85581332 oder exerzitien@stiftgoettweig.at.
Von Mai bis September finden die Göttweiger Stiftskonzerte statt.
Im Laden am Klostereingang findet man eine reiche Auswahl an Klosterlikören (z. B. Schlehe, Marille, Holunder, Mispel) und Marmeladen (Powidl, Quittengelee, Weintraubengelee u. v. a.). Daneben auch die „Original Göttweiger Benediktiner-Torte", frei nach einem überlieferten Hausrezept aus dem Jahr 1401.
Das Weingut ist seit 1987 an Dr. Unger verpachtet (heute von Petra Unger und Konrad Hackl geführt), ein vielfach prämiertes Weingut, das Spitzenqualitäten hervorbringt. Die Weine werden in zwei Stilrichtungen („Classic" und „Reserve") ausgebaut.

Unterkunft/Verpflegung
In Göttweig kann man „Urlaub im Kloster" machen, d. h. einige Zeit im Stift verbringen, ohne an einem bestimmten Kursprogramm teilzunehmen. Das Essen für Urlaubsgäste wird im Stiftsrestaurant serviert. Das Stiftsrestaurant (Tel.: 02732/85581225 bzw. restaurant@stiftgoettweig.at führt eine gepflegte Küche und ist auf alle Anforderungen eingerichtet (Aussichtsterrasse mit Panoramablick).

Ausflugstipps
Die malerischen Zwillingsstädte Krems und Stein liegen Göttweig am nördlichen Donauufer gegenüber. Für sie sollte man einen zusätzlichen Tag einplanen. Mit Ausflügen in die uralte Kulturlandschaft Wachau kann man den Aufenthalt noch beliebig verlängern und genießen.

Augustiner-Chorherrenstift Herzogenburg

Drei ruhmreiche Namen prägen das Bild der niederösterreichischen Donau: Melk, Göttweig, Klosterneuburg. Keiner anderen Klostergründung gelang es, sich neben diesen – auch von kaiserlicher Gunst verwöhnten – Zentren auf Dauer zu behaupten. Mit einer Ausnahme: Herzogenburg. Es ist das kleinste und am wenigsten begüterte Stift. Fast symbolträchtig wirkt es, dass man im 13. Jahrhundert die ursprüngliche Niederlassung direkt am Donauufer aufgeben musste und nach Herzogenburg ins Hinterland verlegte. Kriege, Brände, Reformation, Türkengefahr, Josephinismus – mehr als einmal schien das Ende gekommen. Doch immer wieder gelang es, einen Weg in die Zukunft zu finden. Heute verwaltet der Konvent nicht nur das eigene bedeutende Kulturerbe, sondern auch das der aufgelassenen Chorherrenstifte Dürnstein und St. Andrä an der Traisen. Doch weniger als anderswo scheint in Herzogenburg der Blick in die Vergangenheit zu gehen. Propst Maximilian Fürnsinn sieht sein Haus als Drehscheibe für den Dialog zwischen Glaube und Gesellschaft. In Herzogenburg spürt man, dass Klöster keine Denkmalschutzvereine sind. Es geht um die Zukunft der Kirche.

Bischof Ulrich von Passau gründete 1112 im Mündungsgebiet der Traisen in die Donau ein Augustiner-Chorherrenstift, das dem heiligen Georg geweiht war. Das Kloster St. Georgen hatte den Auftrag, von hier aus die beiden Pfarren Traisenburg und Herzogenburg zu betreuen. Die ersten Chorherren kamen vermutlich aus St. Nikola in Passau. Der Platz erwies sich als ungeeignet. Wegen der ständigen Überschwemmungen und wachsender Einsturzgefahr für die Klostergebäude wurde der Konvent 1244 nach Herzogenburg verlegt. Man begann sofort mit dem Bau einer Stiftskirche, die 1286 geweiht wurde. Die Grundherrschaft in Herzogenburg besaß das Benediktinerkloster Formbach am Inn. Nun entstand in unmittelbarer Nachbarschaft der älteren eine zweite Siedlung, die zum Chorherrenstift gehörte. Zur Unterscheidung wurden sie „Unterer Markt" und „Oberer Markt" genannt. Trotz mancher Rivalitäten wurden Stift und beide Märkte von einer gemeinsamen Wehranlage umgeben. Dies konnte mehrfache Zerstörungen durch Hussiten, Ungarn und Türken nicht verhindern. In der Reformationszeit hatten sich, wie die Chronik berichtet, fast alle Chorherren „verloffen". Erst unter Propst Joseph Kupferstein (1653–1669), der auch Rektor der Wiener Universität war, gelang die Überwindung der Krisen. 1683 wurde ein Angriff türkischer Streifscharen erfolgreich abgewehrt.

Die riesige Baustelle in Melk ließ Anfang des 18. Jahrhunderts keinen Prälaten im Lande unbeeindruckt. Als Wilhelm von Schmerling 1714 zum Propst von Herzogenburg gewählt wurde, beauftragte er den Architekten von Stift Melk, Jakob Prandtauer, sofort mit der Planung

neuer Stiftsgebäude. Freilich standen nur verhältnismäßig bescheidene Mittel zur Verfügung: Während in Melk Jahr für Jahr etwa 30 000 Gulden eingesetzt wurden, umfasste der Kostenvoranschlag für Herzogenburg insgesamt nur 54 000 Gulden. Dennoch war der Ehrgeiz des Propstes mit Prandtauers Entwurf noch nicht gestillt. Er vergab die Planung des Festsaales parallel dazu an den kaiserlichen Architekten Johann Bernhard Fischer von Erlach, der damals im Zenit seines Ruhmes stand. Die Kooperation der beiden großen Baumeister blieb Episode und führte zu einem unbefriedigenden Ergebnis. Der Mittelrisalit Fischers wirkt innerhalb des Prandtauerschen Osttraktes wie ein Fremdkörper. Gewisse architektonischer Regelverstöße haben zur Annahme geführt, dass bei der Ausführung von Fischers Planung abgewichen wurde.

Nach dem Tode Prandtauers übernahm Joseph Munggenast die Bauleitung. Dessen Sohn Franz schuf die neue Stiftskirche. Ihm gelang ein Kirchenraum des ausklingenden Barock von bemerkenswerter Gestalt. Beim Durchschreiten der niedrigen Turmhalle, die als Einziges vom gotischen Vorgängerbau verblieb, lassen sich seine Dimensionen noch keineswegs erfassen. Umso gewaltiger öffnet sich danach die bühnenartig gestaffelte Folge von überkuppelten querrechteckigen Räumen, monumental gegliedert von Pilastern und Gebälk sowie – im mittleren der drei Hauptjoche – vier schräg gestellten Säulenpaaren. Der Bau, der 1785 geweiht wurde,

Der eigenwillige Turm mit dem Herzogshut ist das Wahrzeichen der Stadt Herzogenburg

blieb neben dem Gartenpavillon in Melk das einzige Werk des früh verstorbenen Franz Munggenast. In reizvollem Kontrast zur kraftvoll-kühlen Formensprache der Architektur steht die zartgrüne Ausmalung, die eine Rokokostukkatur imitiert. Die Gewölbefresken und Altarbilder stammen von Bartolomeo Altomonte und Daniel Gran. Eine bemerkenswerte Ergänzung der Ausstattung ist der farblich schön abgestimmte, reich geschnitzte Orgelprospekt von 1752. Der Kirchturm trägt an der Spitze statt eines

Helmes ein Kissen mit einer Nachbildung des Herzogshutes. Diese eigenwillige Bekrönung geht vermutlich auf Fischer von Erlach zurück und interpretiert den Ortsnamen Herzogenburg.

Unter Joseph II. musste Herzogenburg die aufgelösten Stifte St. Andrä an der Traisen und Dürnstein samt ihren Pfarren übernehmen. Nach der Aufhebung des bayerischen Klosters Formbach kaufte das Stift 1806 den Unteren Markt und vereinigte ihn mit dem Oberen Markt. Die beiden Weltkriege brachten hohe wirtschaftliche Lasten, die unter anderem zum Verkauf von Kunstgegenständen führten. Dennoch verfügt das Stift noch immer über die bedeutendste niederösterreichische Privatsammlung nach dem Stift Klosterneuburg. Ein Schwerpunkt liegt auf Werken der Donauschule wie dem Aggsbacher Altar des Jörg Breu von 1501.

Ein Herz und eine Seele

Der Ursprung der Augustiner-Chorherren liegt nicht im Einsiedlerdasein des orientalischen Mönchtums, sondern in der *vita communis*, dem gemeinschaftlichen Leben von Klerikern. Die ersten Priestergemeinschaften entstanden im 4. Jahrhundert. Dabei handelte es sich um Geistliche, die – zunächst ohne besondere Regel – in enger Gemeinschaft mit ihrem Bischof wohnten und arbeiteten. Als inspirierendes Beispiel diente ihnen das Leben Jesu mit seinen Jüngern sowie der Bericht, den die Bibel (Apostelgeschichte 4,32) von der urchristlichen Gemeinde in Jerusalem gibt. Auch der heilige Augustinus gründete, als er 395 zum Bischof von Hippo gewählt worden war, an

rechte Seite: Das Votivbild des Propstes Georg Eisner von 1498 zeigt den Gründerbischof Ulrich von Passau

Ein Glanzstück der Kirche ist die Rokoko-Orgel von 1752

seiner Bischofskirche eine solche Priestergemeinschaft und verpflichtete sie zum evangelischen Leben ohne persönliches Eigentum. Das Beispiel von Hippo wurde zum Vorbild für die kirchliche Erneuerungsbewegung des 11. Jahrhunderts, die nach ihrem bedeutendsten Vertreter, Papst Gregor VII. „Gregorianische Reform“ genannt wird. Ein zentraler Punkt der Reform Papst Gregor VII. war die geistliche Vertiefung des Klerus und seines Lebens. Die „Vermönchung“ der Priester schien den Reformern als der geeignete Weg, um dem Verfall der kirchlichen Ämter zu begegnen. Dies bedeutete vor allem die Verpflichtung der Kanoniker auf persönliche Besitzlosigkeit, die zum Beispiel in der älteren „Aachener Regel“ nicht vorgesehen war. Da man sich am großen Vorbild des Kirchenvaters Augustinus orientierte, nannte man die neue Regel, von der verschiedene Fassungen existieren, die „Regel des heiligen Augustinus“.

Stift Herzogenburg
Augustiner-Chorherren (Can. Reg.), Österreichische Kongregation
A-3130 Herzogenburg
Tel.:/Fax: 02782/831 13
Homepage: www.herzogenburg.at/stift
E-Mail: stift-fuehrungen@herzogenburg.at

Anreise
Von der Bahnstrecke Wien–Linz in St. Pölten umsteigen, von dort mit Regionalbahn zur Haltestelle Herzogenburg. Wer mit dem Auto anreist, verlässt die Westautobahn (A1) am Knoten St. Pölten Ost und fährt die S 33 Richtung Krems. Die direkte Abfahrt ist Herzogenburg-Nord.

Gottesdienste
Stundengebet in der Stiftskirche: 6.30 (außer So) Laudes, So 17.45 Gesungene Vesper, die übrigen Gebetszeiten in der Chorkapelle. Messfeier in der Stiftskirche: wochentags 7.30, Sa 18.30, So 8.00, 9.30, 18.30.

Besichtigungen
Die Kunstsammlung des Stiftes Herzogenburg gehört zu den bedeutendsten Stiftssammlungen Niederösterreichs. Von April bis Oktober wird täglich von 9.00–17.00, jeweils zur vollen Stunde, eine Führung angeboten.

Angebote
Das Stift hat verschiedene Initiativen ergriffen, dazu gehören die „Herzogenburger Gespräche“ (Gesprächsforum mit Teilnehmern aus Politik, Wirtschaft, Wissenschaft und Kunst), der Arbeitskreis „Psychotherapie – Theologie“, das Dürnsteiner „Zukunftsforum Kirche und Europa“ (gemeinsam mit dem Ritterorden zum Hl. Grab) und ökumenische Begegnungen. An den letzten beiden Wochenenden der Sommerferien ist es Schauplatz des „Niederösterreichischen Kindersommers“ mit jeweils weit über 10 000 Besuchern. Für die Herzogenburger Kirchenmusik ist ein eigenes Jahresprogramm erhältlich.

Unterkunft/Verpflegung
Gasthöfe und Übernachtungsmöglichkeiten findet man in der Stadt.

Ausflugstipps
Das herrlich an der Donau gelegene Stift Dürnstein ist ein Muss für jeden Donaureisenden. Einen Besuch verdienen das nur 3 km von Herzogenburg entfernte ehemalige Chorherrenstift St. Andrä an der Traisen und Schloss und Kirche Heiligenkreuz-Gutenbrunn mit Fresken von Franz Anton Maulpertsch.

Augustiner-Chorherrenstift Klosterneuburg

Als Markgraf Leopold Klosterneuburg gründete, schuf er einen neuen Herrschersitz und dazu ein Kloster. Hier fand er seine letzte Ruhestätte. Die Verehrung des klugen und frommen Stifters trug immer zugleich religiöse und politische Züge. Leopolds Heiligsprechung machte Klosterneuburg zum Landesheiligtum. Der im Stift verwahrte Erzherzogshut krönte symbolisch die Kontinuität zwischen dem babenbergischen Landespatron und dem habsburgischen „Erzhaus Österreich". Kaiser Karl VI. knüpfte an diese Bedeutung an, um sie ins Universale zu steigern. Er beschloss 1730, seine Residenz nach Klosterneuburg zu verlegen und das Kloster zu einem „österreichischen Escorial" auszubauen – als Sinnbild der habsburgischen Reichsidee und Gegenentwurf zum französischen Versailles. Auf acht Kuppeln sollten die Kronen seines Hauses ruhen, das Kreuz der Kirchenkuppel in der Mitte. Den Chorherren blieb die Aufgabe, den kaiserlichen Architekturtraum zu bezahlen. Das überforderte ihre Kräfte. Und schon Karls Enkel, Kaiser Joseph II., machte den baufreudigen Prälaten die Schulden zum Vorwurf. Der aufgeklärte Souverän empfand die Klöster als Hemmschuh der Modernisierung, wenig nützlich und schlecht kontrollierbar. Die Zeit der gekrönten Kuppeln war vorbei.

Die Babenberger verlegten nach der Belehnung mit der östlichen Mark ihren Sitz donauabwärts immer weiter nach Osten: von Pöchlarn über Melk und Tulln bis nach Neuburg. Markgraf Leopold III. errichtete 1114 an seinem neuen Herrschersitz ein Kollegiatstift, das vielleicht als Grundstock für ein Bistum dienen sollte. Darauf deuten das reiche Stiftungsgut und die Größe der Kirche. Die Bischöfe von Salzburg und Passau drangen jedenfalls darauf, dass es 1133 in ein Augustiner-Chorherrenstift umgewandelt wurde. Markgraf Leopold III. wurde in Klosterneuburg begraben. Sein Sohn verlegte die Residenz nach Wien, doch blieb das Chorherrenstift ein geistiger und geistlicher Mittelpunkt des Landes. 1181 wurde hier durch Nikolaus von Verdun ein Emailwerk vollendet, das ursprünglich zur Verkleidung der Kirchenkanzel diente und heute als „Verduner Altar" zu den größten Kunstwerken des Mittelalters gerechnet wird. Im 13. Jahrhundert diente Klosterneuburg noch einmal kurz als babenbergischer Herrschaftssitz. Ein Brand 1330 gab den Anlass zu reger Bautätigkeit, der Kreuzgang wurde vollendet und mit wertvollen Glasfenstern ausgestattet. Stift Klosterneuburg war damals das wichtigste Kunstzentrum Österreichs. Auch der Kult um den Stifter, Markgraf Leopold, zog immer weitere Kreise. 1485 wurde er heilig gesprochen.

Im 16. Jahrhundert blieb Klosterneuburg zunächst der „alten Lehre" treu. Doch schließlich zog auch hier das Luthertum ein. 1562 hielt Propst Peter Hübner in der Stiftskirche öffentlich Hochzeit. Der Kaiser griff durch und berief gegen den Willen des Konvents Pröpste seines Vertrauens. Die Rekatholisierung fand ihren Ausdruck in der gesteigerten Verehrung des heiligen Leopold. 1616 stiftete Erzherzog Maximilian den österreichischen Erzherzogshut als „heilige" Landeskrone gleich der Stephanskrone in Ungarn und der Wenzelskrone

in Böhmen. Er wird bis heute im Stift aufbewahrt. 1663 ließ Kaiser Leopold I. seinen Namenspatron zum Landesheiligen Österreichs ausrufen. Fortan pilgerte der Kaiserhof jährlich am Leopoldstag nach Klosterneuburg. Die Kirche wurde barockisiert, die Leopoldskapelle mit dem Stiftergrab erweitert und umgestaltet. Bei der Türkenbelagerung 1683 hielt das Stift unter Leitung des Laienbruders Marzellin Orthner mit einer Kompanie Soldaten gegen die türkische Übermacht stand und rettete so die in seine Mauern geflüchtete Einwohnerschaft.

1714 wurde das 600-jährige Gründungsjubiläum glanzvoll gefeiert. Danach erhielt die Stiftskirche Mariä Geburt einen neuen Altarraum nach Plänen von Matthias Steinl. Zugleich entstand der Wunsch nach einer durchgreifenden Neugestaltung der gesamten Klosteranlage. Der Plan des Architekten Donato Felice d'Allio erfuhr eine erhebliche Steigerung zu „größerer Pracht und mehr Aufwand", als Kaiser Karl VI. Propst Ernest Perger eröffnete, er wolle in Klosterneuburg seine Residenz errichten. Der Melker Abt Dietmayr überredete den Propst, dem Plan zuzustimmen – immerhin musste das Stift sämtliche Kosten tragen.

Die Stiftskirche von Klosterneuburg wurde im 19. Jahrhundert mit neugotischen Turmspitzen ausgestattet

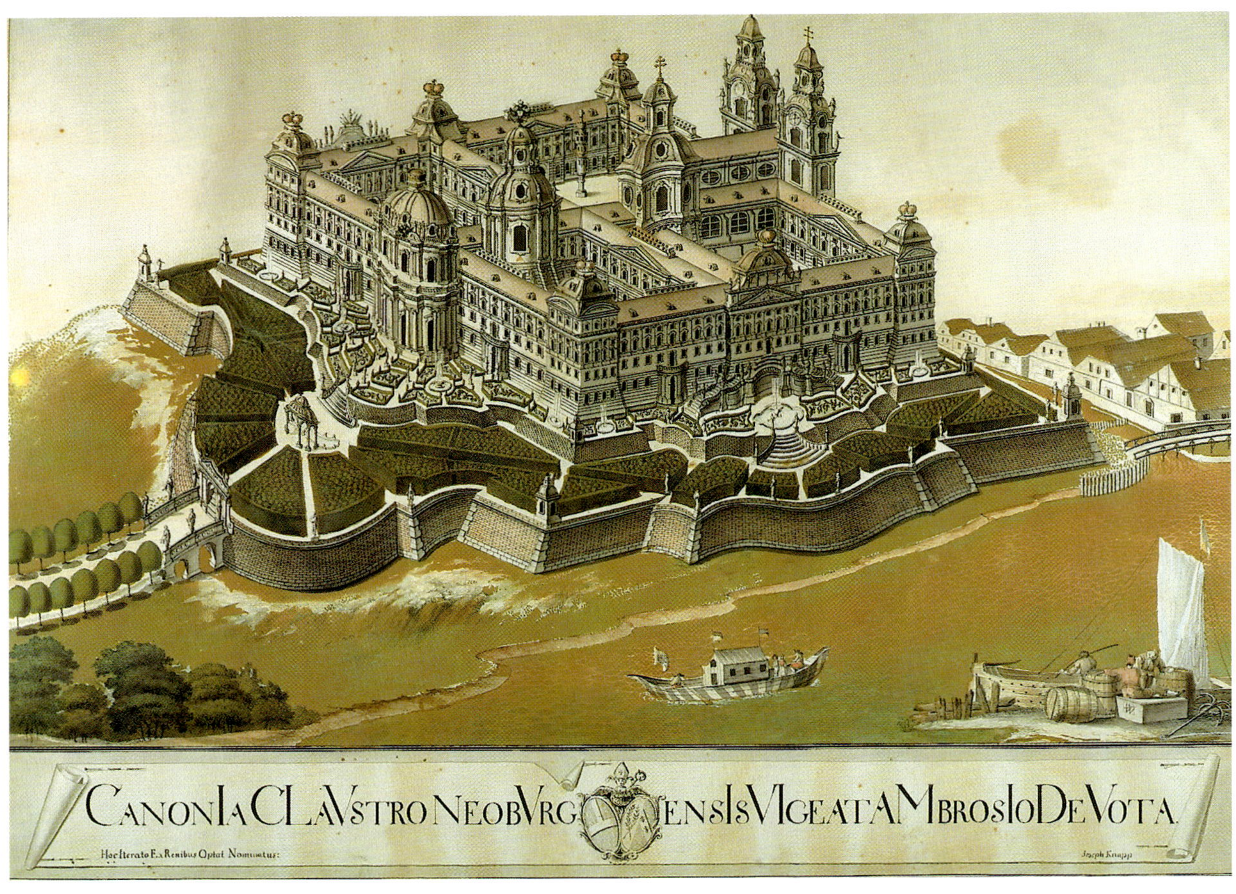

Von den acht Kuppelkronen des Idealplans wurden nur die römische Kaiserkrone und der österreichische Erzherzogshut ausgeführt

Die Überarbeitung der Pläne (einschließlich der Einfügung bekrönter Kuppeln) wird dem Hofarchitekten Joseph Emmanuel Fischer von Erlach zugeschrieben. Zum Leopoldsfest 1739 bewohnte Karl VI. zum ersten Mal die Kaiserzimmer. Als er jedoch im Jahr darauf starb, stellte das Stift den kostspieligen Bau ein. Das Kuppelfresko Daniel Grans für den Marmorsaal mit der „Glorie und Majestät des Hauses Österreich" bildete den Abschluss.

Während der Napoleonischen Kriege litt Klosterneuburg zweimal unter französischen Truppen, 1805 besuchte Napoleon das Stift. Um 1840 schloss Joseph Kornhäusel den bisher auf zwei Seiten offenen Hof des Kaisertraktes, der damit wenigstens zu einem Viertel fertiggestellt wurde. Im Gebäude schuf er einen Saal für die mit derzeit rund 250 000 Bänden größte Privatbibliothek Österreichs. Um 1880 wurden Kirche und Kreuzgang in historisierender Weise restauriert, wobei die Türme ihr heutiges Aussehen erhielten. Im 20. Jahrhundert prägte der Liturgiker Pius Parsch das Stift. Er feierte 1922 die erste Messe in deutscher Sprache unter aktiver Teilnahme der Gemeinde. Seine „Volksliturgische Bewegung" hat die Reformen des Zweiten Vatikanischen Konzils vorbereitet. Mit dem Jugendseelsorger Roman Scholz hatten die Chorherren einen Widerstandskämpfer gegen den Nationalsozialismus in ihren Reihen. Er wurde 1944 hingerichtet.

Der österreichische Escorial

Der Traum Karls VI. von einer kaiserlichen Klosterresidenz in Klosterneuburg war Ausdruck seiner weit ausgreifenden Staatsidee. Sein Bruder und Vorgänger, Joseph I., hatte Schloss Schönbrunn als Prestigeprojekt in Nachahmung Versailles begonnen. Unter Karl stand es leer und wurde nur gelegentlich als Jagdschloss genutzt. Für ihn war Versailles der Inbegriff der verweltlichten Herrschaft über einen Nationalstaat; also genau das, was er verabscheute. Karls Herrschaftsidee speiste sich aus älteren Quellen. Sein universales katholisches Kaisertum wollte Imperium und Sazerdotium gemäß der mittelalterlichen Idee des Heiligen Römischen Reiches harmonisch verbinden.

Hinzu kam der nie verwundene Verlust der spanischen Krone. Karl VI. hatte nach dem spanischen Erbfolgekrieg zwar auf die faktische Herrschaft, nicht jedoch auf seinen dynastischen Anspruch auf Spanien verzichtet. Das spanische Erbe der Habsburger wurde zum wichtigen Ausdrucksmittel seiner höfischen Repräsentation. Im späten 16. Jahrhundert hatte der habsburgische König Philipp II. ein Kloster in der Nähe von Madrid gestiftet: den Escorial. Er war die erste völlig regelmäßig durchgebildete Klosteranlage der europäischen Geschichte. Bekannt wurde der Escorial in Mitteleuropa durch Kupferstiche und Druckwerke, die seinen Grundriss in Verbindung mit dem Tempel König Salomons bringen. Karl VI. sah sich, als „neuer Salomon", sowohl in der Nachfolge Karls des Großen als auch Karls V., in dessen Reich die Sonne nicht unterging. Weniger die Einzelheiten der formalen Planung als vielmehr die Kombination der Funktionen (Residenz mit zentral gesetzter Kirche, Kloster und Herrschergrab) machen sein Projekt für Klosterneuburg dem Escorial ähnlich. Mit einem wichtigen Unterschied: Während beim spanischen Vorbild die monarchische Sphäre sich der sakralen unterordnet, wird beim österreichischen Projekt die kaiserliche Würde durch die sakralen Bezüge aufs höchste gesteigert. Kirche, Kaiserstiege und Marmorsaal bilden gemeinsam die Mittelachse, die Kronen auf den acht Kuppeln fassen alle übrigen Bauteile, auch das Kloster, unter ihrem imperialen Anspruch zusammen.

1740 starb Karl VI. plötzlich und unerwartet. Seine Tochter Maria Theresia distanzierte sich vom Plan ihres Vaters. Sie ließ das von ihm vernachlässigte

Im „österreichischen Weindenkmal" lagern seit 1974 kostbare Kreszenzen aus den besten Anbaugebieten des Landes

„französische“ Schönbrunn weiterbauen und wohnte, wenn sie nach Klosterneuburg kam, demonstrativ im alten Fürstentrakt. Die universale Reichsidee als habsburgisches Staatskonzept und Klosterneuburg als Herrschersitz – beides wurde mit Karl VI. endgültig zu Grabe getragen.

„Es gibt Alternativen zur Einsamkeit“

Markus Eidsvig stammt aus Norwegen. Er konvertierte zum Katholizismus, wurde Weltpriester und fand schließlich den Weg ins Chorherrenstift Klosterneuburg. Als Novizenmeister ist er der Ansprechpartner für junge Leute, die sich über ihre Berufung klar werden und in das Stift eintreten wollen.

Was hat Sie bei den Augustiner-Chorherren besonders angesprochen?

Herr Markus: „Die Augustiner-Chorherren sind der Orden, der das Leben in der Gemeinschaft mit der normalen pastoralen Arbeit vereint. Es geht also nicht um eine spezielle Ordensspiritualität, sondern um die Spiritualität der Kirche als solcher – jeweils dort, wo sie sich gerade befindet.“

Herr Markus Eidsvig, der Novizenmeister des Chorherrenstiftes

Was unterscheidet das Leben als Chorherr vom Leben eines Weltpriesters?

Herr Markus: „Der wesentliche Punkt ist das Leben in der Gemeinschaft, also das Chorgebet und die gemeinsamen Mahlzeiten. Ich finde, das ist eine große menschliche Unterstützung und auch eine religiöse Unterstützung für die Arbeit in der Seelsorge. Die Idee stammt ja vom heiligen Augustinus selbst, von seinem Klerikerkloster in Hippo, wo die Geistlichen, die es wollten, mit ihm zusammengelebt haben. Sie sind vom Bischofshaus zur Seelsorge in die Stadt hinausgegangen.“

Und was sagt die Pfarrgemeinde dazu, wenn der Pfarrer außerhalb wohnt?

Herr Markus: „Ich betreue, zusätzlich zu meiner Arbeit als Novizenmeister, auch eine Pfarre. Dort verbringe ich meine Zeit und bin präsent, aber ich wohne im Stift. Ich glaube, die Pfarre kann damit leben. Man versucht, sich entgegen zu kommen. Ich glaube, die Nagelprobe ist, ob wir Nachwuchs aus den Pfarren haben. Und den haben wir. Etwa die Hälfte der Novizen kommt aus unseren eigenen Gemeinden. Nach meinem Eindruck gibt eine große Loyalität zwischen dem Stift und seinen Pfarren – und zwar auf beiden Seiten.“

Angesichts des Priestermangels gibt es den Vorschlag, den Zölibat für den Pfarrklerus zu lockern und zugleich das Institut des ehelos lebenden Kanonikers aufzuwerten. Was halten Sie davon?

Herr Markus: „Diese Idee ist vielleicht ein bisschen zu einfach. Aber ich glaube, man sollte die

Klosterneuburg ist wie kein anderes Stift mit der Geschichte des Landes verwoben

Priesteramtskandidaten fragen, ob sie wirklich auf das einsame Leben eingestellt sind. Man könnte darauf hinweisen, dass es Alternativen gibt. So kam es ja im Hochmittelalter zur Gründung der Chorherren, und ich denke, das bleibt unsere Stärke. Wenn der Zölibat beim Weltklerus bestehen bleibt, wird die Kirche in Europa sehr darunter leiden. Viele Pfarrer haben heute vier, fünf Gemeinden zu betreuen. Sie sind den ganzen Tag unterwegs und kommen abends heim in ein leeres Haus. Ich bewundere die, die es aushalten. Und ich bin nicht überrascht, wenn es jemand nicht mehr aushält."

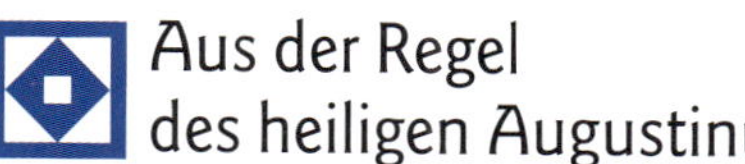

Aus der Regel des heiligen Augustinus

„Das ist es, was wir euch im Kloster gebieten. Das erste Ziel eures gemeinschaftlichen Lebens ist, in Eintracht zusammenzuwohnen und „ein Herz und eine Seele" in Gott zu sein.

Lebt also alle wie ein Herz und eine Seele beisammen und ehrt gegenseitig in euch Gott, „dessen Tempel ihr geworden seid".

Eure Armut bestehe wesentlich im Teilen! Bleibt anspruchslos! Alles gehöre euch gemeinsam!

Eure Brüder stammen aus unterschiedlichen Lebensverhältnissen! Achtet diese Unterschiede! Denkt nicht groß von euch!

Dienet einander in Liebe, vor allem, wenn ihr ein Amt verwaltet!

Haltet die Regel nicht wie Sklaven, sondern als freie Menschen unter der Gnade."

Die Wiege des österreichischen Weines

Das Weingut wurde zusammen mit dem Stift Klosterneuburg gegründet. Schon zur Weihe der Stiftskirche 1136 wurde nur Wein aus den eigenen Rieden ausgeschenkt. Mit über 100 Hektar Rebfläche zählt das Weingut auch heute zu den größten und renommiertesten in Österreich. Ing. Herbert Toifl leitet es seit 1996.

Wie würden Sie die Rolle und die Bedeutung Klosterneuburgs für den österreichischen Wein beschreiben?

Ing. Toifl: „Klosterneuburg ist die Wiege des österreichischen Weines. Die Sortenvielfalt unserer vier klassischen Weinlagen repräsentiert die österreichische Weinlandschaft. Das Stift hat mit der Einführung der Sorte St. Laurent nach dem Zweiten Weltkrieg auch auf dem Gebiet des Rotweins Pionierarbeit geleistet."

Welche Auswirkungen hatte der österreichische Weinskandal auf Klosterneuburg?

Ing. Toifl: „Natürlich hat der Weinskandal auch uns getroffen. Wir waren sehr stark im Export tätig, und durch den allgemeinen Imageverlust des Weinlandes Österreich gingen die Marktanteile erst einmal kräftig zurück. Danach haben viele Winzer ganz neu durchgestartet und letztlich wurde der Skandal zu Basis für den großen Aufschwung des österreichischen Weins. Da muss man allerdings sagen, dass wir uns ein bisschen langsamer als andere in die neue Technologie bewegt haben. Erst in den neunziger Jahren ist es uns gelungen, das Weingut für den gewandelten Markt optimal aufzustellen und wieder massiv an Terrain zu gewinnen."

Was war Ihre Leitlinie bei der Neupositionierung?

Ing. Toifl: „Der Grundgedanke war: Zurück zu den Wurzeln. Wir konzentrieren uns ganz auf unsere eigenen Weingüter. Wir bauen nur noch Sorten an, die dort wirklich hingehören. Und wir haben unser Angebot in zwei klaren Linien strukturiert."

Wenn man für ein Stift arbeitet, ist das etwas Besonderes oder doch nur ein Job wie jeder andere?

Ing. Toifl: „Obwohl die ökonomischen Grundsätze überall die gleichen sind, würde ich doch sagen, es ist etwas Besonderes. Das spannende hier ist die Atmosphäre, das Umfeld, in dem es viele Einflüsse gibt. Das Weingut hat schließlich einmal, als es im Stift brannte, den Verduner Altar gerettet: Man konnte ihn mit dem Weinvorrat löschen. Es ist schon nichts Alltägliches, in einem Betrieb mit solcher Tradition zu arbeiten."

Die bis zu sieben Meter dicken Mauern im Kellergewölbe des barocken Kaisertraktes bieten dem Wein ideale Bedingungen zur Reife

Stift Klosterneuburg
Augustiner-Chorherren (Can. Reg.), Österreichische Kongregation
Stiftsplatz 1, A-3400 Klosterneuburg
Tel.: 02243/41 10, Fax: 02243/41 11 56
Homepage: www.stift-klosterneuburg.at
E-Mail: infokult@stift-klosterneuburg.at

Anreise
Klosterneuburg liegt an der B 14 nördlich der Wiener Stadtgrenze, 12 km vom Zentrum entfernt. Direkt unterhalb des Stifts befindet sich der Bahnhof Kierling.

Gottesdienste
Chorgebet in der Stiftskirche: So 7.45 Laudes, 17.30 Vesper, an Wochentagen nicht zugänglich.
Messfeier: wochentags 6.30 (Kapitelmesse), 8.00, Sa 18.00, So 8.00, 9.30, 11.00 (Kapitelamt), 18.00.

Besichtigungen
Stiftsführungen (Kirche, Kreuzgang mit Verduner Altar, Sebastianikapelle mit Albrechtsaltar, im Winter auch Kaiserzimmer) gibt es ganzjährig täglich (10.00–17.00). Voranmeldungen und museumspädagogische Angebote über Tel.: 02243/41 1251. Aktuelle Auskünfte und Führungskasse über Tel.: 02243/41 12 12. Die reichen Sammlungen des Stiftsmuseums im Kaisertrakt sind (außer Mo) vom 1.5. bis 15.11. (10.00–17.00) geöffnet Neben der Dauerausstellung wird eine jährlich wechselnde Sonderausstellung gezeigt.

Angebote
Das Stift bietet das Jahr über ein wechselndes Veranstaltungs- und Konzertprogramm (u.a. an der historischen Orgel von 1642). Im Sommer gibt es Opern im Stiftshof. Am 15.11., dem Tag des hl. Leopold, feiert die ganze Stadt mit dem Stift das Leopoldifest (u.a. Fasslrutschen über das 1000-Eimer-Fass von 1704).
Die Publikationen des stiftseigenen Verlages Mayer & Comp. und das „Jahrbuch des Stiftes Klosterneuburg" bringen Beiträge zu Geschichte, Kunst und Heimatkunde.
In der Stiftsvinothek im alten Müstingerkeller am Rathausplatz können Weine, Brände (Williams, Apfel, Riesling, Marille, Trebernbrand und Rotweinlikör vom St. Laurent), Sekte (Mathäi Classic und Domäne, Klostersekt) und die sechs reinsortigen Apfelsäfte des Klosters erworben werden (auch Online-Shopping und Versand möglich). Informationen, auch zu Weinproben und Führungen durch die barocken Kellergewölbe, unter Tel.: 02243/41 1528.

Unterkunft/Verpflegung
Der Stiftskeller (kein Ruhetag) bietet traditionsbewusste Gastlichkeit für jeden Anlass, Auskünfte über Tel.: 02243/41 1601.
Übernachtungsmöglichkeiten nennt der Tourismusverein Klosterneuburg (Tel.: 02243/32038).

Ausflugstipps
Klosterneuburg besitzt mit der Sammlung Essl das größte Privatmuseum moderner Kunst in Österreich (Schwerpunkt: Malerei nach 1945). In Wien helfen Karlskirche, Hofburg und Schloss Schönbrunn Einblick in die Epoche und Geisteswelt Karls VI. zu vertiefen. Für den Abend ist die unmittelbare Nachbarschaft der Wiener Heurigenorte nicht ohne Reiz.

Die Stadt als Kloster

Die Wiener Jesuiten

Der heilige Benedikt unterschied vier Arten von Mönchen. Da waren die im Kloster lebenden Koinobiten, für die er seine Regel schuf. Dann die – im Klosterleben erprobten und gereiften – Einsiedler oder Anachoreten, stark genug für den Einzelkampf mit dem Teufel in der Wüste. Und schließlich die Sarabaiten und Gyrovagen, die durch die Lande zogen und, ohne Regel und ohne Beständigkeit, ein Leben nach eigenem Gutdünken führten. Letztere galten ihm als „ganz widerliche Art von Mönchen", als „Sklaven der Launen ihres Eigenwillens und der Gelüste ihres Gaumens". Aus Benedikt sprach die Erfahrung. Aber gegen ihn sprach die Notwendigkeit. Die Kirche brauchte aktive Orden außerhalb der Klostermauern, die schnell, flexibel, opferbereit auf wechselnde Erfordernisse reagieren konnten. Doch wie den von Benedikt beschriebenen Gefahren begegnen? Die Bettelorden versuchten es mit dem Gebot der strikten Armut und dem Gehorsam gegenüber einer zentralen Leitungsinstanz. Doch bald kamen sie auch auf das Prinzip des Klosters zurück. Erst die Jesuiten gingen den Weg zum „Orden" konsequent zu Ende. Keine Klausur, kein Gemeinschaftsleben, kein Chorgebet, kein Ordenskleid – nach außen hin völlige Angleichung an die Welt, aber nach innen die völlige Verfügbarkeit jedes Mitgliedes unter die Befehlsgewalt des Ordensgenerals, um „unter dem Kreuzesbanner für Gott zu streiten und dem Herrn allein und dem Herrn Papst, seinem Vikar auf Erden, zu dienen". Hohe, sehr hohe Ansprüche werden an den Jesuiten gestellt. Erfüllen kann sie nur, wer im Einzelkampf mit dem Teufel so erprobt ist wie die alten Mönchsväter in der Wüste. Die Waffe ist dieselbe: die lebendige Beziehung zu Gott im Gebet.

Die ersten Jesuiten trafen 1551 in Wien ein und gründeten eine Lateinschule sowie eine ordenseigene Hochschule. Die daraus folgende Konkurrenz mit der Universität wurde 1623 durch die „Pragmatische Sanktion" Kaiser Ferdinands II. geklärt. Die Jesuiten übernahmen die Lehrstühle in den humanistischen, philosophischen und theologischen Disziplinen. Sie erhielten die dazu gehörigen Häuser, verpflichteten sich, ihr eigenes Kolleg der Universität anzugliedern und zusammen mit neuen Gebäuden eine Kirche zu errichten. 1625 wurde der Universitätstrakt bezogen, 1631 die Kirche geweiht.
Der damals geschaffene rechteckige Platz vor der Kirche wirkt wie eine italienische Piazzetta und zählt zu den schönsten Stadträumen Wiens. Er wird beherrscht von der Doppelturmfassade der Kirche, zur Linken flankiert von der ehemaligen Universitätsaula aus dem 18. Jahrhundert (heute Akademie der Wissenschaften), zur Rechten von den alten Universitätsgebäuden. Dort befindet sich auch der unauffällige Eingang zur Jesuitenkommunität. Die Jesuitenkirche, auch Universitätskirche genannt, verdient Beachtung wegen ihrer entwicklungsgeschichtlichen Bedeutung für die Architektur des Landes. Sie war die erste barocke Kirchenfront in Wien. Mit ihrer flächigen, vielgeschossigen, international gesehen eher konservativen Struktur schuf sie einen eigenen Typus, der die frühbarocke Fassadengestaltung in Österreich eine Zeit lang merklich beeinflusst hat.

Das Innere der Kirche wurde von dem Jesuiten, Architekten und Maler Andrea Pozzo kurz nach 1700 in Formen des reifen römischen Barock völlig neu gestaltet. Pozzo zog in die Seitenkapellen Emporen ein, getragen von geraden und gewundenen Säulen, die im rhythmischen Wechsel mit den Kapellenpfeilern einen Raum von vornehmem Pathos schaffen. Die Gewölbetonne gliederte er in einzelne Deckenfelder mit illusionistischer Malerei, überhöht von der großartigen Scheinkuppel, in deren Laterne der Schöpfergott erscheint. Pozzos Bildprogramm gibt der Kirche, die 70 Jahre zuvor als „Siegeszeichen" errichtet wurde, eine vertiefende Interpretation dessen, was unter „Sieg" zu verstehen sei: nicht der Triumph über weltliche Gegner, sondern der Sieg des Lebens über die Mächte des Todes, die Erlösung des Menschen.

Petrus Canisius in Wien

Um die Mitte des 16. Jahrhunderts ist der Zustand der katholischen Kirche in weiten Teilen der habsburgischen Erblande äußerst bedenklich. 1550 schreibt Ferdinand I. einen drängenden Brief an

Auf Wunsch Kaiser Leopolds I. wurde die Universitätskirche nach römischem Muster umgestaltet

Andrea Pozzos perspektivische Scheinarchitektur verblüfft durch die Raum schaffende Wirkung

Ignatius von Loyola und erbittet die Entsendung einiger Jesuiten nach Wien. Ignatius ist sofort gewonnen; er sieht die Chance, in ein Zentrum wichtiger Entscheidungen vorzudringen. Als sich die Gründung des geplanten Jesuitenkollegs in Ingolstadt verzögert, beordert Ignatius 1552 auch Petrus Canisius von Ingolstadt nach Wien. Mit ihm kommt der erste Jesuitenpater, der Deutsch spricht. Er predigt in Kirchen und am Hofe auf Deutsch und Italienisch, veranstaltet öffentliche Theologie-Vorlesungen, arbeitet an der Reform der Universität mit, besucht bei Eis und Schnee pfarrerlose Gemeinden, bringt den Gefangenen Kleider und Nahrung, tröstet während der Pest die Kranken. 1555 schreibt er auf Wunsch und im Namen des Königs einen Katechismus des katholischen Glaubens – ein Auftrag, der ihm, wie er sagt, unendliche Mühe bereitet. Ein bebildertes Unterrichtswerk der römischen Glaubenslehre in deutscher Sprache – das hatte es bis dahin nicht gegeben. Das Werk erscheint als großer Katechismus für die Universitäten, mittlerer für die höheren Schulen und kleiner für Kinder und das einfache Volk. Im Jahr darauf verlässt Canisius Wien, um in Prag das Jesuitenkolleg Clementinum zu gründen. Der in Wien verfasste Katechismus macht ihn unsterblich: Petrus Canisius hatte seiner Kirche die Sprache wieder gegeben, sie auf die Höhe der Zeit zurück geführt.

„Viel offener und weiter"

P. Gustav Schörghofer ist Rektor der Wiener Jesuitenkirche und beschäftigt sich mit Fragen der modernen Kunst und ihrem Verhältnis zur Kirche.

Wo begegnen sich Kunst und Glaube?

P. Schörghofer: „Für mich gibt es in der zeitgenössischen Kunst sehr viel zu entdecken an Elementen des Glaubens, an Gegenwart des Geistes in der Welt. Vieles davon wird im gängigen kirchlichen Bereich gar nicht wahrgenommen. Die Kirche ist ja eine große Organisation, die auch viel mit sich selbst beschäftigt ist und viel Ballast mit sich herum trägt."

Gibt es nicht auch Ängste von Seiten der Künstler?

P. Schörghofer: „Das stimmt schon, bei den Künstlern gibt es die Furcht, vereinnahmt zu werden. Das hat mit der Geschichte zu tun und mit einer Kleinkariertheit, die oft mit dem Katholischen verbunden wird. Aber wenn man genauer hinsieht, merkt man, dass das Katholische eben doch viel weiter und offener ist, als sich das viele – gerade auch Künstler – vorstellen."

Was tun Sie, um die Kluft zu überwinden?

P. Schörghofer: „Bei uns in der Universitätskirche zum Beispiel wird – jeweils im Wechsel – eine zeitgenössische Skulptur aufgestellt. Es geht uns nicht um eine Kunstausstellung, sondern da wird ein Objekt aufgestellt und mit dem vernetzt, was im Raum gegenwärtig ist: zum einen mit dem Bildprogramm dieser barocken Kirche, zum anderen aber auch mit dem, was im Raum geschieht."

Die Jesuitenkirche trägt die Handschrift des Jesuiten, Architekten und Malers Andrea Pozzo

Jesuiten Wien I
Gesellschaft Jesu (SJ)
Dr.-Ignaz-Seipel-Platz 1, A-1010 Wien
Tel.: 01/51 25 23 20, Fax:01/5 12 52 32 27
Homepage: www.jesuiten.org
E-Mail: wien1.at@jesuiten.org

Anreise
Die Niederlassung der Jesuiten an der Universitätskirche liegt im Zentrum von Wien, unweit der Wollzeile.

Gottesdienste
Messfeier: wochentags 7.00, 17.00, So 10.30, 12.15, 19.30.

Angebote
Die Jesuiten in Wien I bieten geistliche Begleitung und Exerzitien an (Informationen über den Superior, P. Wisser). Im Südwesten Wiens führen die Jesuiten ein Bildungszentrum, das Kardinal-König-Haus in Lainz. Informationen über das vielfältige Programm gibt es über Tel.: 01/8 04 75 93-0 oder auf der Homepage www.kardinal-koenig-haus.at.

Unterkunft/Verpflegung/Ausflugstipps
Wien sprengt den Rahmen dieser Rubrik. Andererseits steht dem Interessierten eine reiche Auswahl an einschlägiger Wien-Literatur zur Verfügung.

Memento mori

Kapuzinerkloster Wien

Der barocke Mensch verstand zu leben, aber auch zu sterben. Sinnenlust und Lebensfreude waren nur die eine Seite der Medaille. Die andere bestand aus roher Gewalt, grausamen Kriegen, heimtückischen Seuchen und frühem Tod. Diese Kehrseite wurde nicht – wie heute – sorgsam versteckt und verdrängt, sie war immer gegenwärtig. Ein junger Orden, der um 1600 aus Italien nach Mitteleuropa kam, wurde geradezu sprichwörtlich zuständig für Buße und Umkehr, für das Memento mori: die Kapuziner. Sie entstanden als eine der vielen franziskanischen Reformbewegungen, erkennbar an der langen spitzen Kapuze und dem Bart, mit denen sie dem heiligen Franziskus bis ins Äußerliche nacheiferten. Wenn die Argumente der Jesuiten die Gebildeten überzeugten – die Bußpredigten der Kapuziner rührten die Herzen. Und nicht nur die des einfachen Volkes, auch Kaiser und Könige wussten sich in ihrer letzten Stunde der Gnade bedürftig. Und deshalb wurden sie, die zu Lebzeiten die herrlichsten Kirchen, Klöster und Paläste gebaut hatten, in der Gruft der armseligen Kapuzinerkirche begraben: Leopold I., der Sieger gegen die Türken; Karl VI., der noch einmal den Traum vom universalen Kaisertum träumte; Maria Theresia, die durch ihren Mut die Habsburger-Dynastie rettete. Auch ihr Sohn Joseph II., der Aufklärer und „Klosterfeger", ist hier bestattet. Zu Füßen des prunkvoll verzierten Doppelgrabes seiner Eltern ruht er in einem schlichten Kupfersarg – ein strenger, gottesfürchtiger, tief gläubiger Mensch.

Im 16. Jahrhundert entstand aus einem Impuls, der in Franziskus den Einsiedler und Beter besonders verehrte, als Reformzweig innerhalb der Minderbrüder der Kapuzinerorden. Als Volkseelsorger, Prediger und Beichtväter wurden die Kapuziner zu einer wichtigen Stütze der Gegenreformation. 1593 entstand das erste österreichische Kapuzinerkloster in Innsbruck, im Jahre 1600 Niederlassungen in Wien, Prag und Graz. Die Gründung des Klosters in der Wiener Innenstadt geht auf Anna von Tirol, die Gemahlin Kaiser Matthias' zurück. In ihrem Testament legte sie fest, dass innerhalb der Stadtmauern von Wien ein Kapuzinerkloster samt Begräbnisstätte für sie und ihren Gemahl errichtet werden solle. 1622 erfolgte die Grundsteinlegung. Der Bau schritt während des Dreißigjährigen Krieges nur langsam voran. 1632 wurde die Kirche der seligsten Jungfrau Maria, Königin der Engel, geweiht.

Der Außenbau tritt mit einer betont schmucklosen Giebelfront in Erscheinung. Ebenso einfach gestaltet ist der Innenraum, ein einschiffiges Tonnengewölbe mit Stichkappen über kreuzförmigem Grundriss. Der Hauptaltar zeigt Franz von Assisi, der linke Seitenaltar Antonius von Padua, der rechte den Kapuzinerheiligen Felix von Cantalice. Die linke Seitenkapelle, Kaiserkapelle genannt, birgt das Gnadenbild „Maria, Trösterin der Betrübten". Es stammt aus Rom und wurde der Kapuzinerkirche von der Gemahlin Kaiser Karls VI. geschenkt. Maria Theresia, die oft vor diesem Bild betete, stiftete den vornehmen Marmoraltar. Als Pius VI. als erster Papst 1782 Wien besuchte, zelebrierte er an diesem Altar eine Messe. Gegen-

Maria Theresia und Joseph II. – das prunkvollste und das schlichteste Grab der Kapuzinergruft

über liegt die Pietà-Kapelle mit dem Grab des Kapuzinerpaters Marco d'Aviano, Wiens „Schutzgeist in der Türkennot".
Unter der Kirche erstreckt sich die Gruftanlage, die seit Kaiser Ferdinand III. als Begräbnisstätte des Hauses Habsburg dient. 146 Menschen, darunter 12 Kaiser und 17 Kaiserinnen, haben hier ihre letzte Ruhe gefunden. Die ersten Teile, Gründergruft, Leopoldsgruft und Karlsgruft sind einfache, niedrig gewölbte Gänge, in welche die Särge reihenweise gestellt wurden. Die Sarkophage Leopolds I. und Josephs I. entwarf Lukas von Hildebrandt. Dahinter liegt die Maria-Theresien-Gruft. Der 1753 vollendete Doppelsarkophag für Franz I. Stephan und Maria Theresia ist das Hauptwerk der österreichischen Rokokoplastik. Franzens-, Ferdinands- und Toskanagruft zeigen ernsten Spätklassizismus des 19. Jahrhunderts, in der Franz-Josefs-Gruft dokumentiert sich der Stil der Wiener Sezession. Die Neue Gruft wurde 1960–62 angelegt. In der Gruftkapelle ruht seit 1989 Kaiserin Zita.

Der Retter Wiens

Der Kapuziner Marco d'Aviano wird 1631 in Friaul geboren. Als Volksprediger in Oberitalien unterwegs, ereignet sich 1676 bei einer Krankensegnung eine wunderbare Heilung. Fra Marco d'Aviano wird auf einen Schlag berühmt. Wo er auch auftritt, laufen die Massen zusammen. Sein Ruf verbreitet sich in ganz Europa. Auch Kaiser Leopold I. hält große Stücke auf ihn und lässt sich von ihm beraten. Als die Türken vor Wien liegen, wird Marco d'Aviano gerufen. Seit dem 17. Juli 1683 ist die Stadt von allen Seiten eingeschlossen. Die Kräfte der Verteidiger schwinden. Die Hilfsarmeen lassen auf sich warten, nur die Bayern sind pünktlich zur Stelle. Rivalitäten der Kommandierenden drohen das ganze Unternehmen in Frage zu stellen. Fra Marco greift vermittelnd ein und hilft, die Misshelligkeiten zu überwinden. Am 8. September, Mariä Geburt, findet sich das Entsatzheer zu einer religiösen Feier auf dem Tullnerfeld zusammen. Am Morgen des 12. September feiert Marco die Messe mit den Generalen und reicht ihnen die Kommunion. Dann beginnt die denkwürdige Schlacht. Marco d'Aviano geht die ganze Zeit hindurch mit einem Kruzifix in der Hand von einem Ort, wo Gefahr droht, zum anderen, segnet das Heer und spricht Mut zu. Der Ausgang des Ringens bleibt lange ungewiss. Ein erfolgreicher Vorstoß der kaiserlichen und sächsischen Truppen entscheidet schließlich den Kampf. Die Türken erleiden eine vernichtende Niederlage. Wien ist befreit, die Türkengefahr für immer besiegt. 1699 stirbt Marco d'Aviano bei einem seiner Besuche im Kapuzinerkloster zu Wien in Gegenwart des Kaiserpaares, das er zuvor noch segnet. Er wird in der Kapuzinerkirche beigesetzt.

Abschied von Kaiserin Zita

Am 1. April 1989 geht eine Epoche zu Ende. Zita, die letzte Kaiserin von Österreich und Königin von Ungarn, wird zu Grabe getragen. Nach dem Requiem im Stephansdom bewegt sich der mehrere hundert Meter lange Trauerkondukt unter dumpfem Trommelklang zur Kapuzinergruft. Zehntausende nehmen in den Straßen von Wien Abschied. Noch einmal wird das alte Bestattungsritual des österreichischen Kaiserhauses lebendig. Der Zeremoniar klopft mit dem Stab an die Pforte der Kapuzinerkirche. Von innen ertönt die Stimme eines Kapuziners: „Wer begehrt Einlass?" Der Zeremoniar zählt feierlich die Titel auf: „Weiland Ihre Majestät Zita, die Kaiserin von Österreich, gekrönte Königin von Ungarn, Königin von Böhmen, von Dalmatien, Kroatien, Slawonien, Galizien, Lodomerien und Illyrien; Königin von Jerusalem; Erzherzogin von Österreich; Großherzogin der Toskana und von

Memento mori – Gedenke des Todes

Täglich schmücken frische Blumen die Sarkophage von Kaiserin Elisabeth und Kaiser Franz Joseph

Krakau; Herzogin von Lothringen und Bar, von Salzburg, Steyer, Kärnten, Krain und der Bukowina; Großfürstin von Siebenbürgen, Markgräfin von Mähren; Herzogin von Ober- und Niederschlesien, von Modena, Piacenza und Guastalla, von Auschwitz und Zator, von Teschen, Friaul, Ragusa und Zara; gefürstete Gräfin von Habsburg und Tirol, von Kyburg, Görz und Gradiska; Fürstin von Trient und Brixen; Markgräfin von Ober- und Nieder-Lausitz und in Istrien; Gräfin von Hohenems, Feldkirch, Bregenz, Sonnenberg; Herrin von Triest, von Cattaro und auf der windischen Mark; Großwojwodin der Wojwodschaft Serbien, Infantin von Spanien, Prinzessin von Portugal und von Parma." Die Stimme des Kapuziners entgegnet: „Kennen wir nicht." Ein zweites Pochen an der Kirchentür. Wieder die Frage: „Wer begehrt Einlass?" „Zita, Ihre Majestät die Kaiserin und Königin." „Wir kennen sie nicht." Noch einmal klopft der Stab an die Tür. „Wer begehrt Einlass?" Und diesmal: „Zita, ein sterblicher, sündiger Mensch." Da ruft der Kapuziner: „So komme sie herein."

Kapuzinerkloster Wien I
Kapuziner (OFMCap), Wiener Provinz
Tegetthoffstr. 2, A-1010 Wien
Tel.: 01/5 12 68 53, Fax: 01/5 12 68 53 19

Anreise
Das Kloster liegt im Zentrum von Wien, unweit der Kärntner Straße.

Gottesdienste
Messfeier: wochentags 7.00, 9.00, 16.00, So 10.00, 11.30, 16.00.

Besichtigungen
Die Kaisergruft ist von 9.30–16.00 geöffnet, letzter Einlass 15.30.

Angebote
Die Kapuzinerkirche ist eine beliebte Beichtkirche. Das Kapuzinerkloster beherbergt ausländische Studenten, die ihre Deutschkenntnisse verbessern wollen.

Unterkunft/Verpflegung/Ausflugstipps
Wien sprengt den Rahmen dieser Rubrik. Andererseits steht dem Interessierten eine reiche Auswahl an einschlägiger Wien-Literatur zur Verfügung.

Heinz Nussbaumer

Der Kosmos der Mönche – Ein nie gemaltes Bild von Ekstase und Verzweiflung

Immer wieder diese alten Erinnerungen, aus denen irgendwann Prägungen geworden sind: Der entrückte, himmlische Gesang der Nonnen im Stift Nonnberg hoch über Salzburg – dem ältesten Frauenkloster diesseits der Alpen. Der fröhlich-pfeifende Kapuziner unterwegs nach Altötting – die Sandalen als leichtes Gepäck über die Schulter geworfen. Der sonnige Klosterhof im Österreichischen – unter hoher Bogengängen ein Chorherr mit einer Schale frischer Erdbeeren. Die struppige Weltflucht der Mönche im Wadi Qelt, halbwegs zwischen Jerusalem und Jericho. Die Seligkeit eines Eremiten am Athos, der – ganz vom Lobpreis Gottes erfüllt – im ersten Morgenlicht übermütig Purzelbäume schlägt.

Momentaufnahmen klösterlichen Lebens sicherlich, zufällig und unrepräsentativ. Und doch nicht ohne Aussagekraft: Über die Vielfalt monastischer Lebensformen allein im Christentum. Und über die inneren Gegensätzlichkeiten, die das Mönchtum durch seine bald 2000-jährige Geschichte begleitet haben: Einsamkeit und Gemeinsamkeit; bitterste Armut und demonstrativer Reichtum; unbedingter Gehorsam und schrankenloses Machtstreben; radikale Weltvergessenheit und üppigste Weltlichkeit. Ekstase und Verzweiflung.

Der Mönch, die Nonne – in jedem von uns

Warum sich gerade Begegnungen mit Mönchen und Nonnen über Jahrzehnte hinweg so tief ins Gedächtnis eingegraben haben? Die These lautet: Es gibt – verdrängt und doch unauslöschbar – den Mönch in jedem von uns. Die stille Faszination eines Lebens gegen den Wind der Zeit. Die Hoffnung, dem wahren Ich, vielleicht auch Gott, näher rücken zu können – unterwegs zum ruhenden Punkt unseres Lebens, „zum Jetzt, das nie vergeht" (Augustinus). Die Sehnsucht nach dem Kloster – als letzte Gegenwelt zu allem Profanen und Trivialen, aller Hektik und Ruhelosigkeit; als jenem magischen Ort, an dem der Himmel die Erde zu berühren scheint.

Von einem Ort träumen, der keine Ängste kennt

Von allem Anfang an haben Christen – und nicht nur sie – von diesem Ort geträumt, an dem sich Spannungen und Widersprüche lösen und unsere Schwächen und Begrenztheiten, unsere Zweifel und Ängste überwunden werden. Ob es diesen Ort in unserer Zeit und Welt überhaupt noch geben kann? Ob Klöster diesen fast überirdischen Anspruch noch stellen dürfen – nach allem, was geschehen ist?

Würde ein Maler heute versuchen, die Geschichte des christlichen Mönchtums in einem Bild festzuhalten – es ist offenkundig nie versucht worden –, es wäre ein kolossales Gemälde menschlichen Ringens und Scheiterns; ein Zeugnis immer wiederkehrender Erneuerung und Erstarrung, Vergeistigung und Verweltlichung, weiser Mäßigung und völliger Maßlosigkeit. Ein Bildnis äußerster Gottnähe – und furchtbarster Gottferne.

Ein endloser Strom von Männern und Frauen – Mönchen und Non-

nen – würde durch dieses gewaltige Gemälde ziehen: Asketen und Prälaten, Bettelmönche und Grundherren, Eiferer und Müde-Gewordene, Heilige, Scheinheilige und Ketzer, große und schlichte Geister, Künstler und Wissenschaftler, Schreiber und Lehrer, Dichter und Denker, Redende und Schweigende, Barmherzige und Hartherzige. Alle irgendwann angerührt von diesem Wort Jesu: „Geh, verkaufe, was du hast, gib das Geld den Armen – und du wirst einen bleibenden Schatz im Himmel haben; dann komm und folge mir nach".
Der Erste, den unser namenloser Maler aus dem Dunkel der Geschichte ans Licht holen würde, ist ein kaum zwanzigjähriger ägyptischer Kopte: Antonius von Heraklea. Um 270 n. Chr. verkauft er sein Erbe und zieht in die Wüste, auf der Suche nach Gott und sich selbst. Es ist eine Bewährungsprobe zwischen Himmel und Hölle. Als sie Jahre später seine Klause finden, kommt ihnen ein Mann entgegen, „eingeweiht in tiefe Geheimnisse und gottbegeistert", wie sein Biograph Athanasius festhält. Antonius wird zur Leitfigur aller Einsiedler, denn „weder war er durch Missmut grämlich geworden, noch hatte er zu kämpfen mit Lachen oder Schüchternheit. Er war vielmehr ganz Ebenmaß".

In der Weite und Verlassenheit der Wüste entstehen bald mehr und mehr Einsiedeleien, Refugien äußerster menschlicher Askese, bis ein anderer Ägypter den nächsten Schritt wagt: Pachomius, der Erfinder der Klostermauern. Um 320 sichert er das kontemplative Leben seiner Eremitenschar durch ein hohes Geviert und gibt ihr eine einheitliche Lebensweise. Unser Gemälde zeigt ihn und seine Mitbrüder beim Aufschichten der Steine; claustrum, das Kloster, erlebt seinen Eintritt in die Kirchengeschichte.

Jetzt springen überall Mönchssiedlungen hervor: in Syrien, Kleinasien, Armenien und an der Schwarzmeerküste, dann im Westen. Auch in Städten werden erste Klostermauern hochgezogen. Sie sichern die Abgeschiedenheit selbst dort, wo es weder Wüste noch Einsamkeit gibt. Unzählige Mönchsgesichter müsste unser Maler nun aus der Tiefe der Zeit heben; Gesichter, deren Aussehen niemand kennt: Loslösung von dieser Welt hieß ja ihr Ziel und damit auch Auslöschung aller Individualität, aller Eitelkeit.

Von Wandermönchen und Säulenheiligen

Wer aber ist unverzichtbar für unser Gemälde – und für das Wachsen und Werden der Kirche und des Mönchtums? Zunächst wohl Athanasius und Hieronymus – Mönch und Bischof der eine, Kardinal und Mönch der andere. Dann Symeon d. Ältere – 37 lange Jahre steht er betend auf einer 9 Meter hohen Säule. Sicher auch Basilius und Ambrosius, die großen Kirchenlehrer in Orient und Okzident. Und natürlich Patrick und Columban, die Missionare Irlands und Englands, der Bretagne, Burgunds und Alemanniens bis tief hinein ins Langobardenreich. Auch der Skythe Johannes Cassian („Der Mönch muss vor allem den Bischof und die Frau fliehen...") hätte seinen Platz – als Wanderer zwischen Ägypten, Konstantinopel und Marseille und Vermittler zwischen griechischem und lateinischem Mönchtum. Und – darauf wollen wir nicht verzichten – der morgenländische Wandermönch Severin, Patron Bayerns und Österreichs.

Schon mischen sich Frauen unter die Schar asketisch-strenger Herren – tugendhafte Damen der besseren Gesellschaft zunächst: die Römerinnen Marcellina, Paula und Marcella. Später ist Mission oft auch Familiensache: Benedikt und seine Schwester Scholastika, Salzburg-Gründer Rupert und Nichte Erentrudis. Nach außen prägen freilich die Herren den Lauf der Geschichte.

Drei mächtige Gestalten prägen das Christentum

Jetzt aber, zur Bildmitte hin, wechselt der Maler kühn die Dimensionen und die Chronologie: Drei mächtige Gestalten ziehen die Blicke auf sich – sie haben das Christentum auf seinem Siegeszug geprägt: Der Völker-Apostel und Feuergeist Paulus vor allem, der den Rahmen des Judentums gesprengt und Jesus als Messias der antiken Welt nahe gebracht hat. Dann aber schon Augustinus und Benedikt, die Lichtgestalten des Mönchtums. Alle anderen überragend, stehen die Beiden, den Blick erhoben, im Zentrum unseres Gemäldes. Und doch: Unterschiedlicher als sie sind „Soldaten Gottes" kaum denkbar.

Augustinus (geb. 354) ist Nordafrikaner. Zügellos als Jüngling, dann aber getaufter Christ, Priester, Philosoph und der wohl größte Kirchenlehrer der Antike. Seine Vita wird, pädagogisch überhöht, zur Matrize ungezählter Heiligen-Biografien: Vom Irrweg menschlicher Laster ins Licht göttlicher Gnade. In Mailand testet Augustinus eine erste Wohngemeinschaft. Aber erst heimgekehrt ins heutige Algerien, verwirklicht er sich mit befreundeten Priestern und seinem Sohn den Traum einer ganz auf Gott hinorientierten Gemeinschaft zunächst im eigenen Elternhaus, dann an seinem Bischofssitz in Hippo Regius. Seine Mönchsregel ist erstaunlich kurz und lässt viel Raum für immer neue Anpassung. Lange Zeit vergessen, boomt die „Augustiner-Regel" erst ab dem 11. Jahrhundert. Sie ordnet noch heute das Leben von Augustiner-Chorherren und -Eremiten, von Prämonstratensern, Dominikanern, Trinitariern, Serviten, Ursulinen... – rund einem Drittel aller Klostergemeinschaften.

Unser Bild zeigt Augustinus mit brennendem Herzen, Symbol inniger Gottes- und Menschenliebe.

Nicht nur die eigene Seele retten soll der Mönch, sondern auch das Seelenheil der anderen. Das bedeutet: Kontemplation und Verkündigung. „Ora et labora" schreibt er, bete und arbeite – was gerne dem hl. Benedikt zugerechnet wird. Aber dieses „Arbeiten" ist jetzt mehr als die Handarbeit der Mönche, es ist auch das Studium der Heiligen Schrift und der Theologie. Im Priester sieht Augustinus den besten Mönch. So hält ihn unser Maler auch mit Bischofsornat und Mönchsbart fest, gutmütig und von Büchern umgeben.

Gott ist auch im schwierigsten Bruder

Ein tiefes Blau, Symbol des Mittelmeeres, trennt Augustinus von Benedikt, dem Letzten des Dreigestirns. Er ist weder Priester noch Denker von Rang, aber einfühlsamer Beobachter der menschlichen Psyche. Vom Sittenverfall Roms abgestoßen, zieht sich der Student aus dem umbrischen Nursia (geb. um 480) in die Einsamkeit zurück. Nach drei Jahren in einer Höhle scheitert sein Versuch einer Eremitengemeinschaft – mit einer kleinen Schar weicht er auf den Monte Cassino aus. Was er dort in 73 Kapiteln für seine Mitbrüder niederschreibt, wird zum wichtigsten Handbuch menschlicher Gottsuche. 1500 Jahre lang prägt die „Benediktsregel" in hohem Maß das Mönchsleben in Europa. Es ist kein utopischer Entwurf einer idealen Gemeinschaft, sondern ein lebensnaher Verhaltenskodex für alle Höhen und Niederungen des Mönchseins. Gott ist auch im schwierigsten Bruder, auch im ermüdendsten Gottesdienst. Benedikt gibt jeder Arbeit ihre Würde, sie ist auch Gottesdienst; Müßiggang dagegen ein Feind der Seele.

Ohne Scheu übernimmt er aus älteren Regeln, was ihm vernünftig und lebbar erscheint; fasst zusammen und ergänzt. Den drei Mönchsgeboten Armut, Gehorsam und Ehelosigkeit fügt Benedikt noch die „stabilitas" hinzu, die Beständigkeit: Möglichst ein Leben lang derselbe Platz in Klausur, Chorgestühl und Refektorium. Es ist Benedikts Reaktion auf die Wirren der Völkerwanderung und das ausufernde Wandermönchtum; ein Schutzschild gegen Unrast des Herzens und seelische Heimatlosigkeit.

Klöster bringen Ruhe ins Gewoge der Zeit

Kein anderes altchristliches Werk, die Bibel ausgenommen, wird so oft handschriftlich kopiert wie die Benediktsregel. Sie hat leidenschaftliche, mächtige Fürsprecher: Iroschottische Mönche auf ihren Missionszügen, dann Papst Gregor als Benedikts Biograf und schließlich Karl der Große samt Sohn Ludwig dem Frommen – sie machen Schluss mit der Wirrnis klösterlicher Lebensregeln: Der Mönch ist jetzt Benediktiner. Seine Beständigkeit bringt Ruhe ins Gewoge der Zeit, schafft stabile Zentren der Christianisierung und Urbanisierung und Stützpunkte karolingischer Königsherrschaft.

Als Macht und Reichtum gefährlich nahe rücken

Tausende Mönche und Nonnen arbeiten und beten, lesen und produzieren Bücher; sie lehren und musizieren, verwalten Kult und Kultur und prägen das Land. Christentum ist jetzt nichts mehr, das nur wenigen Theologen und Asketen gehört – das haben die Benediktiner geleistet. Dafür aber sind sie ganz nahe, gefährlich nahe, an die Macht herangerückt.

Mit ihrem Fleiß, ihrer Disziplin, ihrer geistigen Wachheit und ihrer Monopolstellung im Reich ist die weitere Entwicklung der Klöster vorgezeichnet. Es wachsen Besitz und Macht, aber auch Abhängigkeiten von Fürsten und Bischöfen und Verbitterung im Volk. In manchen Landstrichen gibt es mehr Klöster als Kleinstädte. Oft sind es beherrschende Burgen Gottes und mehr und mehr auch Paläste und Schatzkammern. Reiche Stiftungen schaffen Wohlstand und verdrängen Demut und Ordnung. Aus der spirituellen Distanz zum Volk wird eine hierarchische. Machtverliebtheit überlagert viel an Gottes- und Nächstenliebe. Bald schon taumelt das Klösterreich zwischen Ärgernis und immer neuen Anstößen zur inneren Reinigung: Cluny, Hirsau, Melk ... Doch menschliche Schwachheit ist nicht auszurotten.

Unser Kolossalgemälde, bisher dominiert vom Schwarz der Mönchskutten und vom Gold und Purpur der Kirchen und der liturgischen Gewänder, zeigt nun neue Farbtöne – vor allem das schlichte Grau und Braun neuer Reform- und Bettelorden, die den Weg der Kirche herumreißen wollen – weg von der Macht, hin zum „geringsten meiner Brüder". Dazwischen, blutrot, lodernde Flammen: die Scheiterhaufen der Inquisition und die Feuersglut brennender Klöster.

Jetzt endlich eine große Frau: Hildegard von Bingen, Nonne und Mystikerin, Prophetin und Predigerin, Naturwissenschaftlerin, Ärztin und Dichterin. Verehrt und gefürchtet, mutig vor Fürstenthronen. Dass sie nie heiliggesprochen wurde – ein kirchliches Frauenschicksal? Wer heute durch Buchläden schlendert, könnte vermuten, dass gerade die fehlende Kanonisierung ihre Glaubwürdigkeit und Faszination stärkt.

Und wieder tauchen, fast zeitgleich, charismatische Ordensväter aus dem „Herbst des Mittelalters" in unser Bild – alle Träger neuer spiritueller Gegen-Entwürfe und Aufbrüche: Bernhard von Clairvaux zunächst – asketisch, hochgebildet, wortgewaltig. Er ist Ratgeber von Päpsten und Fürsten, Aufpeitscher zum II. Kreuzzug und doch demütig und bescheiden. Ein fanatischer Prophet des reinen Glaubens und strengster klösterlicher Armut und Abgeschiedenheit: Schluss mit Macht und Luxus, mit Kunst und Bildung. Hinaus in die Einöde, in die Wälder. Roden und beten. Mit mächtiger Dynamik besetzen seine Zisterzienser die monastische Landkarte des 12. Jahrhunderts. Bernhard allein gründet 68 Klöster, zentralisiert die Ordenshierarchie, systematisiert Baupläne für seine Kirchen und klösterlichen „Zisterzen".

Dann Norbert von Xanten – sein wollenes, weißes Büßergewand hebt ihn noch deutlicher aus dem Dunkel der Zeit. Ein Blitzstrahl hat ihn zum Asketen und Glaubensboten gemacht; selbst im Winter wandert er barfuß als Seelsorger und Prediger durch Deutschland und Frankreich. Von den Strapazen gezeichnet, zieht er sich in ein unwegsames Felsental bei Kaon zurück: Prémontré, sein Ort der Besinnung, wird zum Namensgeber des letzten der „alten Orden", der Prämonstratenser. Groß ist der Zulauf, Kloster um Kloster entsteht. Aber die Prüfungen der Geschichte bleiben auch hier nicht aus: Hussitenstürme und Türkenkriege, Reformation und Säkularisation. Und doch: Der Geist Norbert von Xantens überlebt, ja gewinnt neue Attraktivität.

Die Nonne Hildegard überlebt Bernhard und Norbert, aber als 1182 Franz von Assisi geboren wird, ist auch sie schon drei Jahre tot. Wieder eine Lichtgestalt – bis heute. Nun kommen auch Tiere in unser Gemälde: Vögel und Rehe, Fische und Löwen; er nennt sie „meine

Brüder und Schwestern". Auch Hungrige, Verzweifelte, Kranke umlagern ihn. Als Jüngling ist Franz reich, aber seelisch arm; als Mönch und Ordensgründer bettelarm und doch reich: Liebe ist sein Thema, Demut und Mitleid seine Tugend. Kein anderer Heiliger ist sosehr von Idylle verklärt, verharmlost und verzerrt. Er wagt es, den Gottessohn bedingungslos wörtlich zu nehmen und drängt: Nicht dem Verherrlichten nacheifern, sondern dem armen, barmherzigen Wanderprediger Jesus. „Narren Gottes" heißen seine Mitbrüder bald, die sich auf den Straßen ihr letztes Gewand nehmen lassen. Irgendwann aber schlägt Gelächter und Ärgernis in Verehrung um. In seiner Todesstunde – längst schon trägt er die Wundmale Christi – müssen ihn Soldaten bewachen, denn schon warteten Räuber, sich der „kostbarsten Reliquie Italiens" zu bemächtigen.

Dominikus und die „Hunde des Herren"

Gleich neben Franziskus die hl. Klara – die „kleine Pflanze" des Heiligen, auch sie kompromisslos arm – und ein schwarz-weißer Hund. Nicht Franziskus hat ihn ins Bild mitgebracht, sondern ein Spanier mit schmalem Haarkranz und schwarzer Mantilla über der weißen Kutte: Es ist Dominikus. Den tierischen Begleiter verdanken er und seine Dominikaner einem Irrtum: „Domini canes" verstanden die Menschen, die Hunde des Herren. Franziskus und Dominikus haben weit mehr gemeinsam, als nur die Tier-Legenden: Sie treffen einander in Rom – im Ringen um Anerkennung ihrer Bettelorden. Beide sind wie armselige Vaganten gekleidet, beide von überfließender Hilfsbereitschaft und Liebe. Und doch sieht Dominikus andere Aufgaben als der Mann aus Assisi: Er will Abgefallene zum wahren Glauben zurückführen; will seine Kirche gegen Irrglauben, gegen Waldenser und Albigenser verteidigen. Der Kampf um das Seelenheil wird sein Lebensthema. So wächst dem Hund an seiner Seite doch eine Funktion zu: Die Schafherde Gottes vor den Wölfen der Häresie zu schützen. Wer die Feinde der Kirche überzeugen will, braucht mehr als Glauben und Armut – der braucht Bildung und Wissen. Also werden die Dominikaner der Kirche manche ihrer größten Theologen schenken: Albertus Magnus etwa, den „Doctor universalis", und Thomas von Aquin.

„Bruder Martin" leert die Klöster

Noch einer steht, fast provokant, unter den großen Reformgestalten. Er ist zunächst Augustiner-Eremit, dann aber der leidenschaftlichste aller Vorkämpfer gegen Mönchsregeln und Mönchspraxis: Martin Luther. Passt er überhaupt in unser Bild? Ihm geht es nicht mehr um Erneuerung, sondern um Auflösung der Orden. „Es sind faule Bäuche und suchen nur das ihre ..." schreibt Luther, „da ist es schon besser, wenn sie außerhalb der Kutte zugrunde gehen als in ihr!" Der Wind der Zeit ist mit ihm: Tausende Mönche und Nonnen verlassen ihre Klöster; Konvente lösen sich auf; protestantisch gewordene Landesherren vollenden die Zerschlagung des Mönchtums. Bald ist die Zahl der Ordensleute auf die Hälfte gesunken.

So verheerend die Reformation für das monastische Leben ist, sie löst auch einen heilsamen Wandel aus. „Gottes weise Vorsehung hat mit dem Protestantismus vieles bewegt, was zuvor unbewegt war und unberührbar", schreibt mehr als 400 Jahre später Kardinal Bea. Tatsächlich: Viel schwerer Ballast ist abgeworfen. Die Reform der Kirche, die Hinwendung neuer Orden zu Seelsorge und Caritas, all das hat plötzlich Rückenwind.

Die Jesuiten – gefragt und gejagt

Und wieder prägt der Zeitgeist wegweisende Gestalten, allen voran den baskischen Adelssohn, Soldaten und Diplomaten Ignatius von Loyola. Als er 1539 die „Gesellschaft Jesu" gründet, sind die großen Seefahrer aus Amerika, Indien und China heimgekehrt. Also ist nicht mehr Benedikts *stabilitas* gefragt, sondern Universalität; nicht mehr Beschaulichkeit und Herzens-Einfalt, sondern weltoffene Bildung und Individualität. Jeder seiner Jesuiten soll Einzelkämpfer sein, hinausgesandt an die Fronten des Christentums – bis nach China, bis in Fabriken und Spitäler, bis in Universitäten und Theater. Ignatius weiß, dass die Kirche ihre Verflochtenheit mit den weltlichen Mächten überwinden muss, also fügt er den Mönchsgelübden ein viertes hinzu: Absoluter Gehorsam nur dem Papst. Und er verzichtet auf Kutte, Klausur und gemeinsames Chorgebet – die Stadt, die Welt sind jetzt Kloster und die Jesuiten „ganz bei den Menschen". Während andere Orden jeden Zuzug willkommen heißen, setzt Ignatius auf strikte Auslese. So viel Elite und Unauffälligkeit schafft Bewunderung und Misstrauen. Jesuiten sind bald gefragt und gejagt, werden von Fürsten und Päpsten gesucht und wieder verboten.

Der Streit um die „schlagkräftigste Bodentruppe des Herrn" wird – was noch niemand ahnt – zum Vorspiel des größten Kahlschlags in der Geschichte des Mönchtums. Der Sturm der Revolution erfasst an der Wende zum 19. Jahrhundert ganz Europa. Barocke Frömmigkeit wird vom Pathos der Aufklärung, vom Maßstab der „Nützlichkeit" abgelöst. Im Österreichischen fallen Hunderte Stifte und Klöster, die sich eben noch in Habsburgs Glanz eingekleidet hatten, dem „Josephinismus" zum Opfer. Und keine einzige Abtei der „alten Orden" überlebt in Deutschland das Schicksalsjahr 1803. Nur sehr langsam überwindet die Kirche den Schock der Säkularisierung – die Welt der Mönche aber wird nie wieder, was sie einmal war. Ist unser Gemälde nun endlich fertig betrachtet? Natürlich nicht. Eine lange Prozession gottsuchender Frauen und Männer zieht über alle Brüche der Zeiten hinweg einem gemeinsamen Ziel entgegen: Intellektuelle und fröhliche Sonderlinge, Mystiker und Martyrer, die in unserer Erinnerung lebendig geblieben sind: Nikolaus von der Flue und Philipp Neri, Vinzenz von Paul, Franz von Sales und Don Bosco, Teresa von Avila und Teresa von Lisieux, Johannes vom Kreuz, Johannes von Gott und Johannes von Matha, Maria Euphrasia Pelletier ... Am Ende des Zuges – schon ganz im Jetzt – auch zwei gebeugte Gestalten: Frere Roger Schütz aus Taize und Mutter Teresa.

Wohin steuert das „Schifflein Petri"?

Und dann? Und in Zukunft? Wer sind die Mönche und Nonnen von morgen? Viele Besorgte – auch in den Klöstern entlang der Donau – hören Sturmglocken und sehen das Schifflein Petri in großer Not. Wird es sie künftig noch geben: Die Benediktiner, die Anker auswerfen? Die Dominikaner mit Kompass und Karten, um Sandbänke und Klippen zu umschiffen? Die Franziskaner, die das Boot von überflüssigem Ballast befreien? Die Jesuiten, die Segel aufziehen und Stromschnellen nicht fürchten? Wer wird morgen noch an Bord gehen – auf der Suche nach der Quelle und durstig nach „lebendigem Wasser"? Die Geschichte des Mönchtums ist glanz- und leidvoll, aber nicht ohne Hoffnung: Denn auch im stärksten Gegenwind haben sich Menschen immer wieder aufgemacht, um den Defiziten der äußeren Welt zu entfliehen, den Sinn ihres Lebens zu suchen und Gott zu finden.

Das Buch „Die Donauklöster" entstand in Zusammenarbeit
mit der Tellux-Film GmbH, München.

Wir danken folgenden Klöstern, Bildagenturen und Fotografen:
S. 21: © Mutterhaus der Barmherzigen Schwestern von Untermarchtal
S. 34: © DIA-Verlag Fiedler GmbH, München
S. 61: © Abtei Niederalteich
S. 110: © Stift Melk
S. 124: © Stift Klosterneuburg
S. 137 rechts: © Kapuzinerkloster Wien

In einigen Fällen war es nicht möglich, für den Abdruck der Bilder die Rechteinhaber zu ermitteln. Honoraransprüche der Fotografen, Verlage und ihrer Rechtsnachfolger bleiben gewahrt.

Wir danken Martin Choroba, Alecsander Faroga, Claudia Jünger, Golli Marboe, Anita Ragette, Andrea Schiemann, Caroline Zichy und Anneliese Zimmermann und allen im Hintergrund, die zum Gelingen dieses Buches beigetragen haben.

Die Deutsche Bibliothek - CIP-Einheitsaufnahme

Ein Titeldatensatz für diese Publikation ist bei
Der Deutschen Bibliothek erhältlich.

Gedruckt auf chlorfrei gebleichtem Papier.

Umschlaggestaltung: Daniela Meyer, München
Umschlagfoto: Zefa, Düsseldorf
Satz und Layout: Der Buch*macher*, Arthur Lenner, München
Vorsatz/Nachsatz: Robert Erker, Augsburg; Daniela Meyer, München
Reproduktion: LithoArt, München
Druck und Bindung: Druckerei Uhl, Radolfzell
Printed in Germany

ISBN 3-629-01636-7

Regensburg
Engelszell
Passau
Engelhartszell
Linz
Wilhering
Linz
St. Florian
Wilhering
Kremsmünster
Salzburg
Kremsmünster